CREAREA DUPĂ ABUZ

CUM SĂ TE VINDECI DE TRAUMĂ ȘI SĂ-ȚI CONTINUI VIAȚA

ATUNCI CÂND TOTUL ALTCEVA A EȘUAT

DR. LISA COONEY

Această carte este dedicată celor care au trăit cu o "cușcă invizibilă" pe ei și în jurul lor și sunt pregătiți să scape de acea cușcă acceptând că ei (tu) sunt cheia.

Voi sunteți cheia pentru a vă debloca de orice și de toate. Alegerea ta de a nu cădea victimă invenţiilor care te împiedică să-ţi trăiești ROAR-ul!

Acum, mai mult ca niciodată, este timpul să creaţi DUPĂ abuz și să nu mai permiteţi trecutului să vă dicteze viitorul.

Cum ar fi dacă totul din trecutul tău ar fi o posibilitate de creștere post-traumatică? Asta este ceea ce aleg eu.

Sunt continuu recunoscătoare pentru toată formarea și experiențele pe care am putut să le împletesc pentru a mă ajuta pe mine și pentru a-i ajuta pe alţii. Sunt deosebit de recunoscătoare pentru toţi cei care au contribuit la ROAR acum și înainte.

Și ţie, cititorule! Haideţi să creăm lumea despre care știm că este posibilă!

RECUNOȘTINȚE

Această carte a avut o lungă, lungă perioadă de gestație. Acum îmi dau seama că a trebuit să mă "apuc" cu adevărat să-mi creez viața și traiul și afacerea după abuz. Și mi-a luat ceva timp să fac acest lucru. Sunt recunoscătoare pentru flux și reflux și pentru că această carte m-a ghidat cu atâta dragoste.

Mă recunosc pentru că nu am renunțat niciodată la ea și nici la mine. Sunt atât de hotărâtă să arăt o po ssibilitate diferită de a vindeca și de a crea după decenii de abuz în numeroasele sale forme.

Atunci când oamenii identifică cușca în care au trăit și sub care au trăit, încep să se deschidă noi paradigme pentru vindecarea abuzului și, ulterior, pentru crearea după abuz.

Recunosc că noi toți avem un dar, o idee și o contribuție pentru schimbări și vindecare pe această planetă. Această carte este o parte din asta pentru mine. Vă urez bun venit la propriile creații și sper că această carte vă va îndemna să faceți și voi acest lucru. Abuzul nu este sfârșitul; este un început pentru a vă crea o viață nouă și actuală.

Așa că dați-i drumul, începeți să creați! Acesta este modul în care eliminăm abuzul. Nu ne oprim, creștem dincolo de el și trăim fideli nouă înșine.

Ce alte alegeri sunt posibile? Și cum puteți alege asta acum?

INTRODUCERE

Mi-am petrecut o mare parte din viața mea de adult căutând modalități de vindecare a abuzurilor.

Ca majoritatea oamenilor pe care îi cunosc și care caută să se vindece de abuzuri, căutam în afara mea, fără să realizez că eram deja resursa propriei mele vindecări. Întotdeauna am avut impresia că, dacă aș urma încă un curs de formare, aș angaja încă un terapeut, aș învăța de la încă un profesor, aș găsi cheia în mod magic. Totuși, cheia vindecării abuzurilor se află deja în tine. Minciuna cu care ai fost hrănit până acum este că vindecarea este ceva ce trebuie să găsești în afara ta. Dacă ați căutat un răspuns în afara voastră, în această carte vom explora un model total diferit. Îți voi arăta că există o cale nu doar de a trece dincolo de povestea abuzului, ci și de a trăi o viață care te face să te simți "Radical Alive".

Există o serie de mituri în care poate ați crezut despre transformarea abuzului, iar această carte le va desființa și pe acestea:

- **Primul este că trebuie să o faci singur.** Dacă ați aderat la "mentalitatea supraviețuitorului", probabil că sunteți obișnuit să luptați și să încercați să faceți totul de unul singur. O parte a noii paradigme de vindecare a abuzului este recunoașterea faptului că nu trebuie să o faci.

- **Al doilea mit pe care este posibil să-l fi crezut este că nu există nicio alegere.** Prin aceasta mă refer la faptul că nu ai de ales în ceea ce privește acțiunile și reacțiile tale automate care decurg din abuz. Așa cum subliniez în mod constant în această carte, în fiecare moment există întotdeauna o alegere. Doar că, până acum, este posibil să nu fi fost conștienți că aveți o alegere, cu atât mai puțin cum să faceți una diferită. Nu există nimic mai important în această lume și în viața voastră decât alegerea unei posibilități mai mari pentru voi.

Abordarea mea este de a numi ceea ce nu a fost numit într-un mod direct, real și plin de compasiune. Mă refer la numeroasele forme de abuz care sunt încă tolerate și perpetuate astăzi.

Când vorbesc despre abuz, nu mă refer doar la formele mai familiare de agresiune fizică și sexuală. Mă refer, de asemenea, la modalitățile acceptabile din punct de vedere social prin care ne manipulăm, ne controlăm și ne oprimăm unii pe alții. De fapt, există mai multe fețe ale abuzului. Acestea includ modalitățile pasiv-agresive prin care am învățat să comunicăm unii cu alții ca rasă umană. Cineva poate spune că este în regulă, nu-ți face griji, în timp ce comunică pe un ton care implică faptul că nu este în regulă și că vei plăti pentru asta mai târziu. Sau cineva îți va oferi iubire și atenție atâta timp cât faci exact ceea ce vrea el să faci, iar în momentul în care spui sau faci ceva ce nu-i place va scutura din cap, se va întoarce și va tăcea. Ei pot spune că ai de ales, dar te pedepsesc dacă nu alegi ceea ce au ei în minte.

Consecința acestui lucru este că mulți dintre noi ne plimbăm în ceea ce eu numesc "Cușca abuzului" fără să știm. Cușca, pe care o vom explora pe parcursul acestei cărți, este un fel de "scut invizibil" pe care supraviețuitorii abuzurilor îl înfășoară inconștient în jurul lor. Adesea, persoanele care au fost abuzate nici măcar nu sunt conștiente că trăiesc, zilnic, în interiorul acestei cuști. Tot ceea ce știu este un sentiment de limitare, un sentiment de greutate și densitate. Lucrurile nu par atât de strălucitoare pe cât ar putea fi. Și nu sunt siguri de ce. Unii pot da vina pe o boală cronică, pe depresie sau pe altceva.

Nu contează dacă abuzul pe care l-ați suferit este de natură sexuală, fizică, spirituală, financiară sau emoțională, sau dacă a fost un singur eveniment, sau o serie de incidente.

În oricare dintre aceste cazuri, purtăm cu noi un senti-ment profund de nedreptate care este deplasat de la bun început. Acesta aparține făptașului, dar noi îl preluăm ca fiind al nostru. Apoi ne creăm viețile pornind de la această stare internă de nedreptate. Rezultatul este că ajungem să acordăm foarte multă putere autorului abuzului și foarte puțină conștiință nouă înșine.

Dacă ați suferit abuzuri, cel mai probabil ați învățat strategii care să vă ajute să faceți față, să tolerați și să funcționați în acel mediu abuziv. De exemplu, dacă vi s-a spus să tăceți atunci când începeți să vorbiți, cel mai probabil ați învățat să vorbiți mai puțin sau să vorbiți doar atunci când sunteți sigur că toată lumea este de acord cu asta. Sau dacă, atunci când erai fericit și foarte entuziasmat, a venit cineva și ți-a spus să o lași mai moale și să te controlezi, este posibil să înveți că fericirea și entuziasmul sunt greșite sau că îi supără pe oameni. Metaforic, învățăm să ne îndoim, să ne pliem și să ne mutilăm pentru a încăpea în cușcă. De exemplu, vom fi fericiți doar dacă oamenii din jurul nostru sunt fericiți, sau nu vom vedea lucrurile așa cum sunt cu adevărat și, în schimb, vom pretinde că totul este în regulă (chiar și atunci când știm că nu este), sau vom renunța la visele și dorințele pe care alți oameni ne-ar judeca că le avem.

Până când vom putea deveni conștienți de sistemele de credințe și de limitările pe care ni le-am asumat în interiorul acestei cuști, vom continua să atragem toată viața din acest loc și să luăm decizii din acest loc.

- Dacă credem că nu suntem suficient de buni pentru a fi iubiți așa cum suntem, vom permite să intre în viața noastră oameni care ne judecă sau ne critică la fel ca părinții noștri.
- Dacă credem că există ceva în neregulă cu noi, vom găsi oameni care simt la fel.
- Dacă credem că de fiecare dată când suntem fericiți se întâmplă lucruri rele, vom atrage oameni care sunt amenințați de fericirea noastră și ne vor pedepsi pentru asta.
- Dacă credem că tot ce s-a întâmplat a fost din vina noastră, vom găsi oameni care nu își asumă responsabilitatea pentru acțiunile lor și

care au învățat să dea vina pe alții pentru că îi
fac să se comporte așa cum o fac.

Până când nu putem deveni conștienți de acest lucru și să ieșim din el - ceea ce vă arăt cum să faceți în această carte - vom suferi. Atunci când o facem conștientă, putem începe să alegem.

Acest proces necesită persistență și determinare - ceea ce mie îmi place să numesc tenacitate a conștiinței - pentru a recunoaște cușca în care ai trăit și care te-a ținut până acum în povestea fără sfârșit a abuzului, handicapului și limitării ca realitate a ta. Scopul meu este să vă ajut să realizați că aveți capacitatea de a crea o nouă realitate și de a alege să renunțați la vechile structuri și minciuni care v-au ținut până acum în cușcă.

CUM FUNCȚIONEAZĂ ACEASTĂ CARTE

Această carte te va ajuta să ieși din cușca ta invizibilă. Dar, înainte de a o face, trebuie să o recunoașteți și să o îmbrățișați și să știți că există. Abordarea mea este de a numi ceea ce, probabil, până acum, a rămas fără nume pentru tine. Odată ce cușca este numită, o puteți vedea. Îi puteți simți limitele și gratiile și puteți ieși din ea. Înainte să vă dați seama că este acolo, ea vă ține înăuntru și vă modelează fiecare alegere, fiecare mișcare, fiecare gând. Îți modelează realitatea și percepția asupra ta.

Dacă până acum v-ați trăit viața în cușcă, probabil că ați presupus că aceasta este singura dumneavoastră alegere. De fapt, pentru cei mai mulți dintre oamenii cu care am lucrat, ideea de alegere a părut la început confuză. Ni s-a vândut mitul conform căruia, pentru că am suferit abuzuri, viețile noastre vor fi veșnic pline de suferință. Viața ta, până acum, ți-a oferit, probabil, o mulțime de dovezi că așa este. Este posibil ca alegerea să nu fi fost un lucru la care nici măcar nu v-ați gândit. Totuși, această carte nu numai că vă va arăta cum să alegeți altfel, dar vă va oferi și instrumentele necesare pentru a face acest lucru.

Este posibil să fi investit deja o cantitate fenomenală de timp și energie în încercarea de a vă vindeca de abuzuri. Poate că, până acum, nu ați văzut rezultatele pe care le-ați dorit. Am descoperit că multe instrumente și practici au ca scop repararea sau vindecarea ta și recuperarea a ceva ce se presupune că ai pierdut. Modelul tradițional de terapie ne învață că trebuie să te "repari" pentru a fi liber. Când adoptați acest model, presupuneți că există ceva în neregulă cu dumneavoastră și căutați soluții pentru a rezolva problema. Devine o groapă fără fund din care nu ajungi niciodată la capăt pentru că nu te simți niciodată reparat sau întreg. Este posibil să vă fi aflat și dumneavoastră în cercuri similare, întrebându-vă dacă se va termina vreodată și așteptând ziua în care veți fi în sfârșit vindecat.

În calitate de doctor în psihologie, văd convingerile și limitările acestor convingeri cu privire la ceea ce este necesar pentru a te vindeca de abuzuri în prezent, operând în lumea psihologiei tradiționale. Dar văd și dincolo de limitările paradigmei actuale de vindecare a abuzurilor. Invitația mea pentru tine este să mi te alături dincolo de zidurile paradigmei existente și într-o nouă paradigmă a Vitalității Radicale.

Această carte va da peste cap vechea paradigmă de abordare a abuzului. Veți descoperi că nu trebuie să recuperați nimic sau să reparați nimic. În schimb, vă voi împărtăși cum să alegeți dintr-o stare de a fi complet diferită. Veți învăța să alegeți să puneți capăt actului sau continuării abuzului și să nu mai permiteți acelui act, sau acelei serii de evenimente, să vă domine întreaga viață.

Modelul de viață Radically Alive pe care vi-l prezint în această carte necesită o alegere constantă și o conștientizare constantă. Este o alegere de a nu te defini prin ceea ce ți s-a întâmplat, o alegere pe care această carte te va ajuta să o faci în fiecare moment al fiecărei zile. Ceea ce vă împărtășesc aici este dincolo de căutarea de soluții rapide sau de vindecare peste noapte. Este o practică continuă în mindfulness, una în care devii conștient de alegerea din tine în momentul prezent și ești disponibil să alegi noi posibilități.

Voi articula experiența abuzului în moduri care vor fi probabil noi pentru dumneavoastră, punând cuvinte pe gânduri, sentimente și strategii de adaptare neexprimate. Nu este diferit de învățarea unei limbi noi. Cu toate acestea, atunci când o veți auzi, veți simți probabil un sentiment de ușurare care va deschide ușa către un nou mod de a percepe lumea. Acest lucru, în sine, poate crea o schimbare extraordinară în percepția și realitatea dumneavoastră.

O mare parte din munca noastră împreună începe cu creșterea gradului dumneavoastră de conștientizare. În prima parte, ne vom uita la ceea ce este la nivel intern, vom examina ceea ce eu numesc cei patru D care ar fi putut să vă facă să vă deconectați: Negarea, apărarea, deconectarea și disocierea și vom explora unele dintre emoțiile familiare precum rușinea, furia, furia, tristețea și teama care însoțesc abuzul. În partea a doua, vom analiza modul în care abuzul continuă să vă modeleze și să vă afecteze viața din exterior, inclusiv sănătatea și corpul, relațiile și sexualitatea, banii și cariera. Și, în cele din urmă, în partea a treia, vom analiza cum să treceți dincolo de abuz și să trăiți o viață de trăire radicală. Vom începe o conversație revoluționară de speranță, arătându-vă cum puteți accesa un nou mod de viață. Veți descoperi cum să vă schimbați astfel încât să nu mai operați din vechiul cadru a ceea ce a fost înainte (trecutul), ci, în schimb, să experimentați viața dintr-o nouă stare de conștiință și sensibilitate. Veți fi capabili să deveniți mai prezenți și să opriți tiparele familiare de "checking out" care, în esența sa, este o formă de a fi absent din viața voastră.

Vom explora toate cele de mai sus în contextul ieșirii din limitele cuștii abuzului și al trecerii la Viața Radicală, acolo unde acum generați și vă creați o viață care este dincolo de orice v-ați putea imagina.

PARTEA ÎNTÂI: ÎNCHISĂ ÎN CUȘCA ABUZURILOR

1

CAPITOLUL UNU: CUȘCA INVIZIBILĂ

Vă treziți dimineața și începeți să parcurgeți litania lucrurilor care nu sunt în regulă în viața dumneavoastră sau pe care le-ați făcut greșit ieri? Acestea sunt toate forme de auto-judecată - una dintre caracteristicile "cuștii invizibile". Ironia este că singurul lucru care este cu adevărat greșit atunci când faceți acest lucru este că vă judecați.

Judecata este o energie insidioasă, dar subtilă. Atunci când este folosită împotriva ta, devii propriul tău temnicer etern, prins în capcana credinței false că ești imperfect, greșit și lipsit de valoare. Dacă tot timpul crezi că ceva este greșit, atunci vei crea și vei manifesta că așa este, astfel încât să îți poți dovedi că ai dreptate, cel puțin în această privință. Există o parte din noi căreia îi place să verifice ceea ce am considerat a fi negativ. Este un simț familiar pe care ne obișnuim să îl numim "acasă".

Provocarea cu judecata este că nu permite libertatea și expansivitatea unor posibilități mai mari. În schimb, vă mențineți mici și vă luptați, mergând împotriva curentului.

Trecerea peste judecată este una dintre componentele cheie ale ieșirii din cușca invizibilă și din ghearele abuzului. De-a lungul acestei cărți, vom explora judecățile pe care ți le impui ție și celorlalți, precum și rezultatele neintenționate, dar directe, adesea create ca urmare. Apoi, vom descoperi modalități prin care le puteți depăși, astfel încât să creați din "acum", mai degrabă decât din experiențele voastre trecute.

Cunosc bine calea.

Iar tu trebuie doar să urmezi lumina.

POVESTEA MEA

"Ești bine?", m-a întrebat ea.

Părea o întrebare simplă. Dar adevărul era că era prima dată când cineva mă întreba. Aveam 21 de ani la vremea aceea.

Am făcut o pauză, m-am gândit la întrebarea ei. Răspunsul, desigur, a fost un nu categoric. Chiar nu eram bine. Și în timp ce stăteam acolo, în cabinetul psihologului meu specializat în violența în familie, mă întrebam dacă am fost vreodată bine.

Acel moment a fost un punct de cotitură, unul care avea să înceapă o călătorie fenomenală, nu doar prin vindecarea problemelor mele legate de abuzuri, ci și prin ajutorarea nenumăraților oameni din întreaga lume să facă același lucru. A fost ca și cum cineva a văzut în sfârșit dincolo de fațada mea; voalul meu a fost străpuns. Nu mă mai puteam ascunde de durere sau să o îndepărtez. Am început să plâng pentru prima dată în ultimii ani. Învățasem cu mult timp înainte că nu era sigur să plâng. Era ceva ce nu aș fi îndrăznit să fac în preajma mamei mele, consecințele fiind mult prea grave.

Până la punctul meu de cotitură, am trăit într-o cușcă invizibilă. Nu o cușcă reală, desigur, ci una metaforică. Dacă ești prins într-un tipar abuziv în acest moment al vieții tale, sau ai fost în trecut, probabil că știi la ce mă refer. Este ceva ce zecile de mii de oameni care au intrat în contact cu mine prin munca mea și prin emisiunea mea de radio au putut, de asemenea, să înțeleagă - cușca invizibilă și adesea indefinibilă pe care o creează abuzul. Este opresorul tăcut din interiorul căruia ajungem să ne definim.

Până în acel moment, viața mea a fost o tiradă de abuzuri fizice, emoționale și sexuale aproape fără sfârșit. Era cam tot ce știam. Astăzi, pot să-mi împărtășesc povestea dintr-un loc complet diferit al vindecării, ținând cont de faptul că - deși sunt suficient de conștientă de declanșatoarele mele emoționale pentru a alege diferit - trebuie să folosesc instrumentele și tehnicile oferite aici uneori. Nimic nu se întâmplă peste noapte și este un proces continuu.

Ca mulți alți copii care suferă abuzuri, al meu a provenit din numeroase surse. Dar experiențele cu mama mea au fost cele care au avut, de departe, cel mai mare impact.

În copilărie, am fost învățați să nu spunem nimic despre ceea ce gândeam sau simțeam. Dacă o făceam, eram literalmente bătuți și torturați. Furia mamei mele era alimentată de o tulburare de personalitate nediagnosticată. Nu este o coincidență faptul că mai târziu am ajuns să studiez psihologia și am fost cea care a diagnosticat-o în cele din urmă.

Chiar dacă am obținut un doctorat, percepția pe care mama mea o avea despre mine și comportamentul ei față de mine m-au făcut să cred că sunt cumva prost și a fost o convingere care m-a însoțit pe tot parcursul copilăriei. Niciun domeniu al vieții mele nu a fost ferit de tiparele ei. Un exemplu a fost când învățam să scriu. Mama mă pocnea peste cap dacă nu reușeam să rămân în interiorul liniilor de pe hârtie. Atitudinea ei față de învățarea mea însemna că la școală eram total introvertit. Știți copilul care visa mereu cu ochii deschiși și era singur? Acela eram eu.

Când mă gândesc la starea mea emoțională de atunci, cel mai bun mod de a o descrie ar fi să spun că nu aveam una. Am învățat devreme că era mai sigur să mă închid în mine. Rareori vorbeam cu cineva și eram complet retrasă. Chiar și atunci când îmi foloseam imaginația, era întotdeauna împotriva mea. Stăteam în casa noastră brownstone din Brooklyn și mă uitam în șemineu, imaginându-mi că flăcările sunt demoni care ies să mă atace.

Incidentele care mi-au afectat școlarizarea și învățarea au fost ușoare în comparație cu unele dintre celelalte probleme cu care m-am confruntat. În unele dintre momentele cele mai feroce ale mamei mele, ea se pierdea într-un acces de furie și mă bătea la propriu. Au fost momente când m-a târât pe podea de păr. Îmi udam pantalonii în timp ce ea făcea asta. Viața mea semăna mult cu cea a unui animal aflat în modul de supraviețuire, care își pune constant la îndoială siguranța de la un moment la altul.

La fel ca mulți alți copii care se confruntă cu o situație ca a mea, îmi imaginam continuu că voi muri sau că voi pleca de acasă - orice pentru a scăpa de tirania mamei mele. Obișnuiam să stau întins acolo și să mă gândesc la toate felurile în care aș putea muri. Singurul motiv pentru care nu mi-am pus capăt zilelor a fost că eram prea speriată pentru a trece la fapte. Singura mea tentativă de sinucidere a avut loc mai târziu în viață, când am încercat să merg în fața unui autobuz, dar nu am reușit. A fost ca și cum ceva m-ar fi tras înapoi, chiar dacă nu era nimeni în jur în acel moment. Acel moment a fost unul dintre cele mai importante apeluri de trezire pe care le-am avut în viață - unul care m-a pus pe drumul spre vindecare și care, în timp, m-a dus în multe direcții. Mi-am urmat doctoratul în psihologie și, în cele din urmă, am fost determinat să explorez modalitățile alternative care se ocupă de lumea spiritelor, inclusiv hipnoterapia, șamanismul, vindecarea Theta și alte modalități. Fiecare mi-a oferit instrumente și tehnici pentru a-mi schimba conștiința și pentru a mă îndrepta spre integritate.

Una dintre cele mai importante descoperiri pe care le-am făcut în acest proces de vindecare a fost existența 'cuștii invizibile'.

'DEFINIREA CUȘTII

Spun că era invizibilă pentru că, deși trăiam în interiorul ei, un prizonier tăcut, nici măcar nu eram conștient de existența ei. Mi-a luat zeci de ani să îi dau un nume, darămite să îi dau forma unui mesaj pe care să îl pot împărtăși lumii. Cu toate acestea, de fiecare dată când am vorbit despre cușca invizibilă cuiva care a suferit abuzuri, o privire de recunoaștere, adesea de ușurare, a trecut pe fața lor. Este posibil să trăiți o experiență similară chiar acum, când citiți aceste cuvinte.

Cușca ta este ca o fantomă care îți șoptește continuu la ureche. Îți șoptește atunci când ai probleme. Cu toate acestea, atunci când viața este bună, nu se oprește. De fapt, în aceste momente, este posibil ca ea să se audă mai tare, pentru că trăind în limitele cuștii te ține într-un loc care îți este familiar. Există un confort ciudat în limitele cuștii, oricât de mult ți-ai dori să trăiești dincolo de ea.

Să trăiești în interiorul cuștii înseamnă să trăiești fără voce. Poate că ești capabil să vorbești și să funcționezi în lume, dar există o parte din tine care este izolată, redusă la tăcere și ruptă de realitate. O parte care trăiește în interiorul tău, amorțită, prăbușită și amorțită.

Cuşca transformă, de asemenea, fiecare punct de legătură pe care îl ai în viaţa ta în ceva distructiv. Vă ţine departe de posibilitatea a ceea ce puteţi genera şi crea şi vă limitează într-o "realitate fără alegere".

Cuşca se bazează pe lipsă, limitare şi minciuni. Ne punem banii şi cariera, deciziile de viaţă, relaţiile şi orice altceva în cuşcă şi acţionăm şi reacţionăm din interiorul ei. Respingem oamenii. Ne hotărâm să nu alegem o afacere care ar putea fi fructuoasă. Respingem relaţii care au potenţialul de a ne sprijini în moduri iubitoare şi pozitive. Ne întrebăm de ce ne autosabotăm, când ceea ce facem, de fapt, este să acţionăm din ceea ce cuşca este concepută să facă: să luptăm împotriva vieţii şi să spunem "nu" dintr-un loc al fricii şi al contracţiei, în loc să îmbrăţişăm viaţa şi să spunem "da" dintr-un loc al expansiunii. Tragem concluzii despre viaţă fără măcar să punem întrebări. Reacţionăm pornind de la experienţa noastră de abuz şi, ca urmare, menţinem experienţa vie.

De exemplu, putem trece pe lângă cineva pe stradă pe care nu l-am întâlnit niciodată şi să ne simţim imediat ameninţaţi şi speriaţi şi să începem să intrăm în şoc şi să nu avem nicio idee de ce. Se pare că acea persoană purta aceeaşi apă de colonie pe care o purta un abuzator când eram copil. Durerea de a trăi în interiorul cuştii poate fi atât de mare încât uneori alegem să nu mai locuim deloc acolo. În cel mai rău dintre cazuri, moartea poate părea singura cale de ieșire și ne putem gândi la sinucidere. Ca mulți alții care și-au pierdut dorința de a trăi, am fost adesea înconjurat de persoane care s-au sinucis. Acest lucru a continuat până la vârsta adultă, până când am experimentat o transformare monumentală a propriilor mele probleme.

De cele mai multe ori, atunci când nu putem face să dispară bestia din cușcă, ne amorțim sau ne "deconectăm" pentru a-i evita durerea. Facem adesea acest tip de "check-out" pe tot parcursul zilei, trăind în esență ca o carapace a noastră. Putem folosi mâncarea, alcoolul, drogurile sau medicamentele pentru a ne izola mai profund. Putem chiar să avem "accidente" - unele minore, cum ar fi să ne tăiem degetul cu cuțitul în timp ce tăiem roșiile pentru salată sau să dăm cu spatele la cineva în parcare, și uneori mai grave. Aceste lucruri se pot întâmpla pentru că, la un nivel inconștient, ne sabotăm și încercăm să ne atragem atenția - să ne trezim. Odată ce încetăm să funcționăm ca o versiune absentă a noastră și ne aliniem cu ceea ce suntem cu adevărat, nu mai avem "nevoie" să continuăm aceste comportamente.

Din acest loc de amorțeală și negare, creăm încă un strat peste realitatea noastră existentă. Lumea din afara cuștii se conturează în jurul percepției celui care trăiește în ea și, cu cât lumea interioară este mai distorsionată, cu atât percepția noastră asupra lumii exterioare este mai puternică. Un alt filtru trece peste lume, distorsionând-o și mai mult. Intrăm în negare. Ne deconectăm de tot ceea ce este chiar în fața noastră: relațiile cu oamenii, cu banii, chiar și relația noastră cu pământul devin distorsionate din interiorul cuștii însăși. Apărăm realitatea pe care am creat-o, pentru că, din interiorul cuștii, are sens să facem acest lucru, chiar dacă din punct de vedere logic nu ne putem explica de ce.

Unul dintre participanții la emisiunea mea radiofonică a descris situația astfel: "Tocmai m-am mutat într-un loc pe care îl iubesc, cu o persoană pe care o iubesc, și totuși mă trezesc în fiecare zi trist, speriat și incapabil să fac ceva".

Asta înseamnă să trăiești în cușcă. Devine o glumă crudă faptul că orice am schimba în realitatea noastră exterioară, punctul nostru de referință rămâne același. Ne spunem nouă înșine: "Iată un lucru minunat pe care îl iubesc. Iată o nouă posibilitate. Dar nu pot avea asta pentru că trăiesc din anxietatea a ceea ce a fost înainte".

ANTI-TU

Eu numesc ceea ce este creat din interiorul cuștii "anti-tu", pentru că atunci când trăiești așa, pur și simplu nu mai ești tu - adevăratul tu -. Ești o versiune a ta, dar nu adevăratul tău sine. De exemplu, când eram supraponderal (mai greu fizic, emoțional, mental și spiritual), aceea era o versiune a mea. Pe măsură ce mi-am asumat această muncă pe care o împărtășesc cu voi și am "eliberat" greutatea (ușurând toate aspectele din mine), sunt mai aproape de adevărul meu - adevăratul meu sine. Poate că nici nu arăți ca tine, pentru că și cușca are o mască. Poate o simți venind peste fața ta atunci când te simți amenințat sau poate chiar o porți tot timpul, ca o armură care te protejează de lumea exterioară.

"Anti-tu" are atât de multe straturi încât poți simți că ești amorțit. Tot ceea ce percepeți din acest loc se naște din limitare și lipsă. În loc să trăiești din capacitatea ta creativă, tot ceea ce faci pare să respingă și să ricoșeze înapoi. Poți încerca să ai relații din acest loc, dar poți avea senzația că te afli în centrul lor, apăsând butonul de autodistrugere. Este aproape ca și cum ai trăi din nevoia de a te distruge pe tine și tot ceea ce te încon-joară. Se simte mai bine așa. Este ca și cum ai recrea în interior ceea ce s-a întâmplat cândva în lumea ta exterioară.

Atunci când anti-ul tău este declanşat, te afli în ceea ce eu numesc "spaţiul abuzului". Dacă sunteţi perspicace, s-ar putea chiar să puteţi simţi acest lucru în structura energetică a creierului dumneavoastră. În cazul meu, acesta se află în faţa glandelor pineală şi hipofizară din creierul meu - l-am putut simţi literalmente atunci când s-a declanşat - o densitate şi o greutate acolo care a trimis o reverberaţie în sistemul meu nervos auto-nom, pregătindu-mă pentru luptă, fugă sau îngheţ.

Când ne aflăm în spaţiul abuzului, tot ceea ce se află în faţa noastră se transformă în vechea poveste a abuzu-lui. Se întoarce pe dos ceea ce se întâmplă în lumea exterioară. Vedem lucruri pe care suntem convinşi că sunt adevărate, chiar dacă cei din jurul nostru le neagă categoric. Ceea ce pare adevărat poate fi fals, şi vice-versa. Ne trezim că avem încredere în oameni în care nu ar trebui să avem încredere şi nu avem încredere în oameni în care am putea avea. Pot apărea în viaţa noastră oameni care reprezintă toate lucrurile pe care am spus că vrem să le generăm şi să le manifestăm, dar îi respingem pentru că a ne angaja cu ei ar însemna să trăim dincolo de cuşcă şi nu ne simţim confortabil să facem acest lucru.

Descoperim că lumea exterioară ne aminteşte în mod continuu şi consecvent de un element al abuzului - o privire pe faţa iubitului nostru, un sentiment că am fost abandonați, o sugestie că am făcut ceva care s-ar putea să nu fie suficient de bun - și am pornit, direct înapoi în spațiul abuzului. Realitatea noastră se răstoarnă și totul devine despre cât de rău simțim că suntem. Simțim că totul este din vina noastră. Ne retragem și mai mult în spatele gratiilor. Căutând siguranță, ceea ce găsim de fapt este o izolare și mai mare.

Cușca devine un loc al judecății cu privire la cât de răi suntem. Purtăm acest sentiment al nedreptății, care aparține agresorilor noștri, dar pe care ni-l asumăm ca fiind al nostru. Făcând acest lucru, îi dăm putere făptuitorului nostru și ne luăm conștiința de la noi înșine. Nu ne dăm seama cât de mult suntem altcineva sau răspundem din ceea ce ne-a învățat. În acest moment, devine un răspuns automat. Suntem constrânși să o facem, deoarece preluăm realitățile altor persoane ca și cum ar fi ale noastre.

Este posibil să fi observat, de asemenea, că atunci când trăiești din interiorul cuștii abuzului, acesta se răsfrânge asupra tuturor celorlalte domenii ale vieții tale. Atunci când filtrați lumea prin lentila abuzului, mai multe abuzuri sunt atrase de voi. Este posibil să fi constatat că acest lucru duce la mai multă învinovățire de sine. Poate ați auzit fraze precum: "Tu îți creezi propria realitate". Iar atunci când se perpetuează continuu și nu știi cum să o oprești, se adaugă sentimentului că este ceva în neregulă cu tine. Cu siguranță așa m-am simțit eu în copilărie, când abuzurile veneau spre mine din toate unghiurile posibile. Același sentiment a continuat și la vârsta adultă, pe măsură ce abuzurile se perpetuau în diverse moduri.

Există un sentiment subiacent că nu vei fi niciodată puterea pe care o știi cu adevărat. Tot ceea ce faci atunci când funcționezi din această moarte te împiedică să fii radical viu, pentru că nu poți ieși niciodată pe deplin de sub această cușcă, pe care o definești ca fiind greșeala din tine. Dacă ar trebui să descriu ce face cu adevărat cușca, te ține într-o buclă perpetuă de "greșesc. Am greșit, am greșit, am greșit, am greșit". Atunci când acționați din acest punct de vedere, veți fi întotdeauna victimizați de orice.

EXERCIȚIU DE JURNAL: TRĂIND DINTR-UN TRECUT DE ABUZURI

Atunci când nu suntem conectați la bunătatea noastră naturală, experimentăm un fel de realitate întortocheată.

Notează-ți primele 5 conflicte și provocări. Câte dintre ele puteți identifica ca provenind dintr-un sentiment de nedreptate?

CE PUTEȚI AȘTEPTA CU NERĂBDARE - DE LA MORȚI VII...

Mulți dintre noi au învățat să trăiască într-o stare de moarte, în loc să trăiască radical. Deci, cum trăim cu toții morți? Un mod este amânarea lucrurilor pe care știm că, dacă le-am face, ne-ar aduce luminozitate. Motivul pentru care nu facem aceste lucruri este că, odată cu abuzul, am fost învățați să credem că există ceva în mod inerent în neregulă cu noi. Ai fost programat să crezi că ești greșit și, indiferent de ceea ce faci, simți mereu că vei greși.

....SĂ TRĂIEȘTI RADICAL

Când umblăm în ceață, simțim că nu avem de ales. Dar, așa cum am spus frecvent pe parcursul acestei cărți, unul dintre cele mai valoroase lucruri despre noi este capacitatea noastră de a alege.

Ce-ar fi dacă am alege cu toții să nu mai trăim morți, pe pilot automat și într-o ceață a obiceiurilor noastre distructive? Ce-ar fi dacă ne-am elibera de cușca abuzului recunoscând că trăim într-o cușcă? Ce-ar fi dacă am lua măsuri consecvente pentru a dizolva gratiile cuștii și am traversa podul spre o viață radicală?

Atunci când ceva vă trezeşte, puteţi alege să faceţi ceva diferit. Ori de câte ori îmbrăţişezi şi întruchipezi ceva, devii acel ceva. Putem alege să întruchipăm o realitate diferită atunci când vine vorba de abuzuri. Cu toţii putem fi catalizatorii eliminării şi eradicării abuzurilor de pe această planetă. Nu mă refer doar la abuzurile sexuale. Vorbesc despre toate abuzurile: abuz fizic, abuz mental, abuz emoţional, abuz financiar, auto-abuz. Nu există niciun criteriu care să spună că un abuz este mai rău decât altul. Toate duc la acelaşi scop - îţi fură vitalitatea. Şi, atâta timp cât continuăm să perpetuăm această realitate şi să dăm vina pe agresorii noştri pentru tot ceea ce ne-ar plăcea să facem şi nu alegem să facem, atunci de fapt menţinem abuzul în viaţă.

Cum ar fi dacă cea mai mare minciună şi cea mai mare boală de pe această planetă ar fi de fapt judecarea voastră, abuzul de sine, distrugerea voastră şi ascunderea fiinţei care sunteţi cu adevărat?

2

CAPITOLUL DOI: CELE 4D

Dacă vă gândiți la o cușcă în formă de pătrat, aceștia sunt cei patru pereți care formează gratiile. Ei sunt pereții care te țin înghesuit în abuz. Atunci când ești închis în cutie, nu poți crea sau genera nimic diferit de ceea ce se află în spațiul acelei cutii. Așa ajungi să întorci abuzul spre interior și să devii autorul și victima ta în același timp.

NEGAREA, APĂRAREA, DECONECTAREA ȘI DISOCIEREA

Fiecare dintre cele 4D - negarea, apărarea, deconecta-rea, disocierea - reprezintă un "zid" unic al cuștii. Acestea sunt mecanisme de coping autogenerate pe care le-am folosit pentru a face față abuzurilor din viața noastră. Înțelegerea celor 4D este ca și cum v-ați împăca cu structura cuștii invizibile în care ați trăit până acum. Scopul acestei cărți este de a descompune această structură. Acest lucru începe cu conștientizarea modului în care cele 4D v-au ținut blocați în modelul actual de realitate.

#1 NEGAREA

Negarea este prima dintre cele 4D. Ea are loc la mai multe niveluri. Nu este vorba în mod specific de negarea faptului că evenimentul a avut loc. Acest lucru se poate întâmpla, desigur, dar atunci când se întâmplă, de multe ori este vorba de compartimentarea de către mintea inconștientă a ceea ce s-a întâmplat, pentru a vă permite să faceți față. Tipul de negare la care mă refer constă în a trăi din capul tău și a te deconecta de corpul tău. Eu îi spun divorțarea corpului de ființă.

Atunci când divorțezi corpul de ființa ta, s-ar putea să te simți ca și cum ai trăi în afara corpului tău o mare parte din timp. Este ceea ce îi face pe cei care au fost abuzați să pară distanți sau îndepărtați. Este o strategie de coping. Este posibil să fi fost învățată în timpul abuzului, atunci când ați negat ceea ce se întâmpla pentru a face față. După ce actul abuziv se încheie, negarea continuă pe mai multe niveluri. Modul de a ieși din negare este să te întorci în corpul tău. Dar mai întâi vreau să explorez numeroasele moduri diferite în care se poate manifesta negarea.

#2 FANTEZIA

Fantezia este una dintre modalitățile prin care ne creăm negarea atunci când am fost abuzați. Ne creăm lumi fantastice ca alternativă la realitatea în care trăim. Ca răspuns la propria mea educație bazată pe abuzuri violente, am creat o lume fantastică vie și vitală în care totul era frumos. Era ca un ideal utopic și, la un anumit nivel, credeam că pot face orice. Eram sigură că aveam un fel de superputere. Aici încep iluziile de grandoare care însoțesc adesea aspectele mai grave și cu impact ale celor 4D, cum ar fi disocierea. În copilărie, fantezia înseamnă că putem nega ceea ce este real și să ne retragem în lumile noastre imaginare.

În recuperarea mea, a trebuit să analizez modul în care am deformat fantezia și am îmbinat-o cu realitatea. De exemplu, l-am idolatrizat pe tatăl meu și l-am pus pe un piedestal. Era eroul meu - strălucit în afaceri și în a face bani, și pe deasupra foarte distractiv. Acest lucru contrasta cu mama, pe care o uram pentru că, atunci când venea acasă, nu făceau decât să se certe, iar ea îl dădea afară. Ceea ce nu știam atunci erau infidelitățile lui, consumul de droguri sau abuzul de alcool. În cele din urmă, am ajuns să înțeleg că tot ceea ce nu face parte din această realitate este o fantezie. Trăind din acea fantezie te închide în negare și răsucește și mai mult realitatea din jurul tău.

Un exemplu al modului în care oamenii se retrag într-o lume fantastică este credința că viața lor va fi perfectă după ce vor câștiga la loterie. Aceștia se pot retrage chiar într-o fantezie a viitorului cu toate lucrurile pe care le vor face după ce vor câștiga la loterie. Deși acest lucru se întâmplă pentru mulți oameni care nu au fost abuzați, această tendință de a se retrage într-o fantezie viitoare și de a trăi în afara momentului prezent, poate fi mai puternică din interiorul cuștii și este o mare parte a negării.

Tot ceea ce creăm în fantezie și nu manifestăm în realitate sfârșește prin a ne limita. În lumea noastră fantastică, creăm cariera pe care ne-o dorim, relația pe care ne-o dorim, mașina pe care vrem să o conducem, locul în care vrem să locuim. Totul este minunat acolo. Apoi, realitatea noastră este în contrast puternic cu aceasta. Ne refuzăm ceea ce ne dorim cu adevărat - poate prin faptul că nu luăm niciodată măsuri sau nu ne facem un plan concret - dar nici nu suntem prezenți cu ceea ce avem în prezent. Nu putem nici să-l acceptăm, nici să-l apreciem. Așadar, negarea se manifestă pe numeroase niveluri.

Două niveluri de negare

În funcție de gravitatea traumei sau a problemelor legate de abuz cu care se confruntă o persoană, negarea se va manifesta pe două niveluri.

1) Declanșarea în și din negare. Dacă acesta este cazul dumneavoastră, atunci simțiți că uneori trăiți în lumea reală, iar alteori trăiți în fantezie. Ceva vă va declanșa și vă veți întoarce în cușca negării. S-ar putea să apară în domenii-cheie ale vieții tale, cum ar fi banii, relațiile sau sănătatea.

Dacă vă încadrați în acest prim grup, este posibil să fi lucrat mult până acum la problemele dvs. legate de abuz. Poate că ați înțeles deja că puteți fi declanșat să vă simțiți închis. Poate că sunteți capabil să gestionați sentimentul de cușcă. Nu te mai stăpânește în aceleași moduri în care o făcea, iar tu încă ai putere. Știți că este posibil să vă schimbați și faceți tot ce vă stă în putință pentru asta. Cu toate acestea, unele rămășițe ale cuștii încă rămân.

2) Trăiesc în negare tot timpul. Acest grup construiește adesea o fortăreață impenetrabilă în jurul lor. Cușca este tot ceea ce cunosc. Ei nu pot simți sau simți o lume dincolo de ea. Pereții cuștii sunt foarte bine definiți și nu cad niciodată.

Pentru acest grup, realitatea este modelată și distorsionată din interiorul fortăreței. Acesta a fost cazul unei persoane care mi-a trimis un mesaj pe Facebook înainte ca eu să predau un curs în care îmi spunea că are tendințe suicidare. Pentru această persoană, zidurile cuștii erau foarte dense. Era clar pentru mine că era închisă în cutie. Aceasta vine la pachet cu sentimentul că totul este finit. Deseori se ajunge la concluzia că există o singură alegere.

Transferarea negării pe altceva

Am lucrat odată cu o doamnă care fusese violată. Mi-a spus că nu era atât de supărată că a fost "abuzată sexual", ci că era mai supărată că haina ei fusese distrusă în timpul violului și că nu mai putea să-și ia alta. Puteți observa că s-a referit la violul pe care îl suferise ca la un abuz sexual, ceea ce reprezintă un alt strat de negare.

Am înțeles imediat că era în faza de negare. Ar fi fost ușor să o judec când a spus că este vorba despre haină. Ceea ce am înțeles eu este că pentru ea era vorba despre haină. Își transferase furia asupra hainei și nu avea bani să cheltuiască pe o altă haină. Aceasta a fost forma ei de negare - mintea ei s-a concentrat pe ceea ce s-a întâmplat cu haina, nu pe ceea ce i s-a întâmplat ei.

Una dintre cheile înțelegerii negării este recunoașterea situației în care vă aflați. Adesea, clienții mei și participanții la ateliere se trezesc că au trăit în negare și poate fi un șoc la început. Faptul că vă întâlniți acolo unde vă aflați vă va deschide calea pentru a începe să desființați orice negare pe care ați experimentat-o.

EXERCIȚIU DE JURNAL: DESCOPERIREA ZONELOR DE NEGARE

Fanteziile pot fi povești pe care le creăm despre o situație pentru a dovedi ceea ce credem - și cum vedem ceva ca fiind adevărat (când de fapt este o minciună), astfel încât să continuăm să negăm.

Gândiți-vă oriunde v-ați retras în fantezie în loc să trăiți în momentul prezent. Ce fel de fantezii vă creați în cap? Când ați început să le creați? Ce scop urmăresc ele?

Din ce nivel de negare operezi? Trăiești în negare 24 de ore din 24, 7 zile din 7 sau te trezești declanșat în și din negare?

Ați transferat actul de abuz pe altceva sau nu l-ați numit ceea ce a fost? De ce fel de sprijin aveți nevoie pentru a putea numi ceea ce ați trăit?

#2 APĂRAREA

A doua dintre cele 4D este apărarea. Apărarea este probabil cea mai evidentă dintre cele 4D, deoarece este adesea o ripostă imediată la ceva sau cineva din lumea noastră exterioară.

Apărarea este expresia exterioară a frământărilor noastre interioare. Poate apărea ca o izbucnire ocazională de apărare. Dar pentru mulți oameni este o postură hipervigilentă, 24/7. Poate fi ca un animal în cușcă care este în permanență înțepat cu un băț. Apărarea este expresia exterioară a fricii sale. Mesajul său predominant este: "Nu te apropia de mine sau te voi ucide".

Porcul spinos invizibil

Ți se întâmplă vreodată să te înțepi când cineva vine spre tine? Unul dintre semnele majore ale apărării este ceea ce eu numesc a fi "porcul spinos invizibil".

La un moment dat în viața ta, lumea nu era sigură pentru tine. Așa că ți-ai creat "pene" în încercarea de a te proteja. Când erai mai tânăr, probabil ai sperat, la un anumit nivel, că aceste pene îl vor ține departe pe agresorul tău. Dar acum ele țin și dragostea, banii și orice altceva la o distanță sigură. Chiar dacă le-ați creat pentru a vă proteja, ele ajung să vă facă să răstălmăciți sau să nu aveți încredere în ceea ce vă stă în față.

Fenomenul porcului spinos invizibil înseamnă să fii în gardă și hipervigilent în exterior și în interior, ceea ce poate crea cu ușurință un fel de epuizare, precum și o tulburare suprarenală sau o tulburare autoimună. Asta, desigur, alături de toate conflictele din relații și carieră.

Chiar dacă externalizați porcul spinos invizibil și acesta apare adesea ca apărându-se, vă puteți trezi, de asemenea, internalizându-l. Aceste pene se pot întoarce spre interior pentru a vă penetra bunătatea, amabilitatea, generozitatea de spirit și recunoștința. Acest lucru duce la alte expresii exterioare de cinism, împreună cu depresie, anxietate, probleme psihologice, probleme de sănătate, probleme financiare.

Chiar dacă apărarea de porc spinos a început să funcționeze pentru tine când erai mai tânăr, mai târziu în viață a devenit înrădăcinată ca un sistem de răspuns programat sau condiționat care, de fapt, servește pentru a te împiedica să-ți trăiești visul. Penele te împiedică să primești viața pe care ți-o dorești pentru că te simți prea periculos să o primești. Folosirea acestei apărări devine o sabie cu două tăișuri care vă înțeapă atât în exterior, cât și în interior.

Pentru mine, a primi a însemnat întotdeauna a primi judecata. A însemnat, de asemenea, să fac ceea ce spunea mama ca să nu mă bată. A primi a însemnat să fiu și să trăiesc realitatea ei cu o dorință disperată de a primi hrană. Am vrut să primesc de la ea, dar de fiecare dată când am făcut-o, nu a fost ceea ce am dorit, ceea ce a făcut ca pene de porc spinos să fie mai puternice, atât în interior, cât și în exterior. Ca urmare, am devenit mai defensivă.

Topirea Apărării

Apărarea poate fi topită cu umor bun. Totuși, trebuie să fie un umor adecvat, deoarece dacă simți că cineva râde nepotrivit de defensiva ta, te poate face să te retragi și mai mult. Când lucrez cu oamenii, de multe ori fac să cadă apărarea cu umor. Acesta permite poziției hipervigilente care se desfășoară în fundal 24 de ore din 24, 7 zile din 7, să meargă și să ia o pauză de cafea. De asemenea, este nevoie de multă îngăduință și spațiu pentru a permite sistemului nervos să se înmoaie.

Gândiți-vă la clipurile pe care le-ați putut vedea pe YouTube în care un câine a fost neglijat și abandonat. La început s-ar putea să se apere mârâind și lătrând. Dar apoi, când i se arată puțină bunătate, apărarea sa începe să scadă. Acesta este genul de abordare pe care trebuie să o aveți cu porcul spinos interior și cu apărarea voastră. S-ar putea să aveți nevoie și de un alt om care să faciliteze în mod abil cu dvs. pentru ca penele să cadă.

EXERCIȚIU DE JURNAL: PORCUL SPINOS INTERIOR

Cât de des vă surprindeți răspunzând defensiv și la ce intensitate?

Există momente în care anticipați respingerea, astfel încât să vă puteți proteja de "rău"?

Ce fel de situații, persoane sau comentarii îți declanșează porcul spinos interior?

Ce povești v-ați spus despre primire care vă fac să vă păstrați penele ridicate, înarmate și gata să vă apărați?

#3 DECONECTAREA

Deconectarea este o stare constantă de separare a minții de corpul tău, a corpului tău de mintea ta. Este o stare omniprezentă de a divorța de relația ta cu tine.

Când ești deconectat, te vei trezi că mănânci frecvent pentru a-ți satisface o nevoie emoțională, în loc să mănânci pentru că ți-e foame. Totul în viața ta va fi fabricat pentru a te ajuta să eviți adevărata problemă.

Veți ajunge să vă deconectați și să dezvoltați o serie întreagă de distrageri care vă permit să vă deconectați din ce în ce mai mult.

Ai învățat să te deconectezi în timpul abuzului. A fost modul în care corpul tău a compartimentat actul, astfel încât să nu trebuiască să fii prezent în timp ce îl experimentai. Problema este că continuați să faceți acest lucru și după eveniment, deoarece a fi conectat la corpul dumneavoastră poate însemna că acesta își amintește ce ați simțit sau experimentat. Strategia care te-a ținut în siguranță poate deveni cea care te îndepărtează de a experimenta posibilități hrănitoare, chiar pline de bucurie, cu corpul tău.

Atunci când vă deconectați, s-ar putea să aveți senzația că sunteți în afara corpului dumneavoastră. O mulțime de persoane care sunt deconectate prin acte de abuz spun că au senzația că nu-și simt picioarele pe pământ sau că au senzația că trăiesc de fapt în afara corpului lor. Te poate face să te simți ca și cum ai trăi divizat. Sunteți aici, dar în același timp nu sunteți aici. S-ar putea să puteți funcționa în lume, dar alți oameni ar putea avea sentimentul că este ceva în neregulă cu dumneavoastră. În schimb, dacă ați întâlnit pe cineva care este deconectat, de multe ori aveți senzația că purtați o conversație cu el, iar el este vag sau departe.

Dacă trăiți deconectat, probabil că aveți o serie de strategii care vă permit să faceți acest lucru. Nu uitați, este doar corpul dumneavoastră care încearcă să vă protejeze de ceea ce ați simțit atunci când ați suferit abuzul. Fie că vă amorțiți cu mâncare, alcool, cumpărături, droguri sau medicamente, este posibil să căutați modalități care să vă ajute să vă deconectați, mai ales dacă atunci când vă conectați cu corpul dumneavoastră devine inconfortabil.

Un alt lucru pe care îl puteți face dacă trăiți deconectat este să vă încurcați constant firele. Atunci când trăiești departe de tine sau în afara ta, pierzi contactul cu sinele tău autentic sau cu conexiunea ta înnăscută cu ceea ce este adevărat pentru tine. S-ar putea să te trezești spunând nu atunci când vrei să spui da și viceversa. Poate că râdeți când ceva este trist și plângeți când ceva este fericit. Este ca și cum totul devine încrucișat. Dar, într-o notă și mai profundă, s-ar putea să descoperiți că dezvoltați ceea ce ar putea fi considerat un simț al umorului întortocheat în jurul abuzului. Am observat că unii oameni fac glume când vorbesc despre faptul că au fost violați. Dacă ați făcut acest lucru, este un mecanism de apărare care vă permite să rămâneți deconectați.

Divorțul de tine însuți

Una dintre emisiunile mele radiofonice se numea Alegerea de a opri nebunia divorțului de tine însuți (Choosing to Stop the Craziness of Divorcing Yourself). Am subliniat în cadrul emisiunii cum ajungem să credem ceea ce ni s-a spus despre abuz. Am fost programați să credem că suntem victime ale abuzului. Provocarea este că, atunci când acționăm dintr-o mentalitate de victimă, ajungem să blocăm energia abuzului în loc. Jeden z komentarzy podczas pokazu wyjaśnił:

Problema cu abuzul este că, odată ce ai fost abuzat, vei avea tendința să îl blochezi în corpul tău, deoarece corpul tău este cel care experimentează abuzul. Învățăm să îl facem foarte real, important și semnificativ, crezând că astfel lucrurile vor deveni mai bune. De fapt, nu are acest rezultat.

Facem ca actul de abuz să fie semnificativ și relevant și ne concentrăm toată atenția asupra lui. Pentru că nu știm ce altceva să facem, acesta rămâne închis în noi. Îl retrăim în fiecare zi. Ca urmare, mai degrabă stagnăm decât să creăm. Îi permitem să ne definească, când, în realitate, este o oportunitate de a face o alegere diferită, una care ne împuternicește și ne conectează la strălucirea noastră dincolo de actul (actele) din trecut, și de a recunoaște ceea ce am învățat.

În cadrul emisiunii, am subliniat, de asemenea, modul în care suntem programați să credem că experiențele noastre sunt cel mai valoros lucru despre noi. Cu toate acestea, cel mai valoros lucru despre noi este capacitatea noastră de a alege. Una dintre strategiile de vindecare a abuzului este să nu te mai definești prin el. Pentru a face acest lucru, trebuie să încetezi să divorțezi de tine și să te deconectezi de tine.

Cum să întrerupem deconectarea

Pentru a opri tiparul de a te deconecta de tine, trebuie mai întâi să cauți și să recunoști strategiile pe care le-ai folosit pentru a face acest lucru. Orice lucru care te readuce în corp te va face să te simți mai conectat. Dar, în primul rând, trebuie să fiți de acord să fiți în corpul vostru, deoarece strategia de deconectare există cu un motiv. Așadar, trebuie să ne uităm la convingerile de bază pe care le-ați avut despre abuz și care v-au făcut să divorțați de voi. Dacă vă sugerez să nu vă mai amorțiți cu mâncare sau alte distracții, dar nu v-ați confruntat cu motivul de bază pentru care faceți acest lucru, atunci este puțin probabil că veți putea să vă întoarceți pur și simplu la corpul vostru.

Această carte este concepută pentru a deschide o conversație complet nouă despre depășirea abuzului. Unul dintre obiectivele de aici este să vă ajute să depășiți mentalitatea de victimă și să ieșiți din punctul de vedere fix prin care trebuie să vă definiți prin abuz. Această schimbare de perspectivă vă poate deschide calea pentru a vă reconecta cu voi înșivă.

EXERCIȚIU: IDENTIFICAREA MODURILOR ÎN CARE VĂ DECONECTAȚI

Cum se manifestă deconectarea în corpul tău? Simțiți că vă părăsiți corpul atunci când vă deconectați sau vă retrageți într-o anumită parte a acestuia? Unde vă duceți? Simțiți că deconectarea este constantă sau intrați și ieșiți din ea?

Cât de mult din identitatea dumneavoastră a fost formată în jurul faptului că ați fost victima unui abuz? Care sunt răspunsurile condiționate pe care le păstrați în corpul dumneavoastră și care vă fac să vă simțiți blocat în modelul dumneavoastră actual de realitate?

#4 DISOCIEREA

Suntem închiși în cușca abuzului și trăim de acolo. Este o stare extremă și constantă de hipervigilență, din care ne filtrăm realitatea. O parte din tine trăiește constant "pe tavan" sau într-o altă lume. Se manifestă adesea prin afecțiuni precum tulburarea de stres post-traumatic (PTSD).

Disocierea este o stare constantă de a fi înghețat și amorțit. Din cauza nivelului ridicat de hormoni de stres care circulă în organism atunci când trăim din această stare, aceasta are potențialul de a declanșa afecțiuni fizice cronice dacă rămânem în această stare în timp. De asemenea, poate duce la boli psihologice mai intense și la tulburări de separare. În cazuri extreme, poate provoca personalități multiple, un subiect care nu face obiectul acestei cărți.

Pe scurt, cele 4D alcătuiesc pereții cuștii invizibile care ne închid în abuzul trecutului nostru și ne împiedică să alegem să trăim așa cum ne dorim în această realitate. Negarea, apărarea, deconectarea și disocierea sunt "zidurile" care te țin închis în cușcă, iar atunci când ești în cușca ta, nu poți crea sau genera nimic diferit de ceea ce se află în spațiul acelei cutii. Acesta este modul în care abuzul se transformă în interior, iar tu devii autorul și victima ta în același timp.

Fantezia pe care o creați poate părea uneori mai bună decât viața reală pe care o trăiți atunci când încă vă luptați cu abuzul. Te simți în siguranță, închis în acea cușcă. Este nevoie de o tenacitate a conștiinței pentru a privi la lumea fantastică pe care ați creat-o și pentru a vă provoca să creați dincolo de ea. Acum să aruncăm o privire la emoțiile specifice care însoțesc traiul în cușcă.

3

CAPITOLUL TREI: EMOȚIILE ABUZULUI

În acest capitol, vom explora emoțiile familiare ale abuzului. Este posibil să vă recunoașteți în unele dintre ele sau în toate. Până acum, este posibil să nu fi articulat ce sunt ele. Ele fac parte din umbra care persistă în fundal, adesea nenumită sau neexprimată. Odată ce le numim, ele încep să-și piardă puterea. Nu mai au aceeași putere asupra noastră.

A deveni mai conștient din punct de vedere emoțional face parte din procesul de evoluție către Viața Radicală. Odată ce începeți să articulați și să identificați emoțiile pe care le-ați trăit, puteți începe să treceți dincolo de ele și să ajungeți la stări emoționale mai eficiente, care rezonează cu a fi puternic și radical viu.

Emoții și armonici

Fiecare emoție are o vibrație diferită. Emoțiile joase funcționează pe o frecvență mai joasă. Opusul este valabil pentru emoțiile mai înalte. Înțelegem acest lucru intrinsec ca ființe umane, motiv pentru care spunem că ne simțim "jos" atunci când ne aflăm în stările vibraționale inferioare și "sus" atunci când ne aflăm în cele superioare.

În această realitate, avem posibilitatea de a alege să funcționăm dintr-o stare armonică inferioară sau dintr-o stare armonică superioară. Atunci când funcționăm dintr-o stare armonică superioară, experimentăm viața prin conștiință, mai degrabă decât prin declanșatoarele, tiparele și programările noastre. Este posibil să fi experimentat momente sau perioade din acest loc. Viața curge mai liber și este mai armonioasă. Experimentați viața cu mai multă unitate și mai multă prezență din partea armonicilor superioare. Emoțiile inferioare ne fac să ne simțim separați și izolați, în timp ce în cele superioare ne amintim că nu există nicio separare între noi și univers. Multe dintre învățăturile spirituale orientale ne reamintesc acest lucru, iar ceea ce evidențiază ele este trăirea din armonicile superioare ale vieții.

Sentimentele și emoțiile fac parte din starea armonică inferioară a acestei realități. Rămânem blocați în ele și nu suntem învățați că ele sunt o alegere. De fapt, suntem programați să credem că suntem victimele emoțiilor noastre și călătorim pe valul acestora, simțind că sunt dincolo de controlul nostru.

Așa cum am subliniat mai devreme, există unele emoții predominante care persistă după abuz. Adesea rămânem blocați în ele, împreună cu frecvențele armonice inferioare pe care le reprezintă pentru noi. Acestea se conectează cu anti-ul despre care am discutat în capitolul unu. Atunci când rămânem blocați în aceste stări emoționale, ne coborâm într-o energie, într-un spațiu și într-o conștiință care reprezintă contrariul a ceea ce suntem cu adevărat. Aceste emoții ne țin blocați în 4D, în special în negare și apărare. Din armonicile inferioare ale stării noastre emoționale, devenim obișnuiți să atacăm, iar astfel ciclul se adâncește. Ne mutăm în aceste stări, confundându-le cu realitatea noastră fixă. Ele devin obișnuite, deoarece cu cât rezonăm mai mult cu o anumită frecvență, cu atât aceasta devine mai puternică și mai familiară pentru noi. Acesta este unul dintre motivele pentru care rămânem uneori în zona noastră de confort, care este de fapt zona noastră de "disconfort". Rezonanța acesteia, în ciuda faptului că este dureroasă, este familiară, iar noi am învățat să o acceptăm și să trăim cu ea.

Aceste emoții înseamnă, de asemenea, că rezistăm și respingem viața - de fapt, ele sunt combustibilul pentru această rezistență, afectând sănătatea fizică, relațiile și finanțele. Oricât de provocator ar fi să le înfrunți, acest lucru face parte din procesul de recuperare a esenței și a sinelui tău adevărat și te pune pe drumul către o viață radicală, oferindu-ți puterea de a alege. Atunci când nu ești dominat de emoțiile tale, trăirea radicală devine vibrația ta natural mai înaltă.

RUȘINEA

Rușinea este o altă barieră în calea norocului, deoarece ne face să ne simțim nedemni de noroc - dragoste, fericire și succes. Rușinea limitează, de asemenea, norocul pentru că ne face să trăim în spațiul trecutului, să ne facem ecou în câmpul rușinii și să nu fim prezenți în aici și acum, unde norocul are loc.

— GAY HENDRICKS ȘI CAROL KLINE,
CONSCIOUS LUCK

Există o diferență între vinovăție și rușine atunci când vine vorba de abuz. Vinovăția este "Am făcut o greșeală și îmi cer scuze". Mergi mai departe. În timp ce rușinea este: "Eu sunt o greșeală". Deci, de multe ori, atunci când cineva încearcă să treacă peste abuzul suferit, trebuie să treacă peste rușinea de a crede că a greșit sau că are un defect. Situația, mediul, persoana care a comis fapta au fost defecte într-un anumit fel. Aveau ceva în programarea lor care le făcea să acționeze în acel fel. Iar tu ai preluat povestea lor ca fiind identitatea ta.

Rușinea este cea mai familiară emoție a abuzului. Ea este generată de toate secretele pe care le-ați ascuns cu privire la abuz. Este posibil să vi se fi spus să ascundeți abuzul de ceilalți sau să fiți amenințat cu un fel de consecință dacă spuneți adevărul. Alternativ, este posibil ca abuzul să fi fost efectuat într-un mod care nu a fost discutat sau articulat. S-a întâmplat și a fost normalizat în situația dvs. de viață, dar o parte mai profundă din dvs. nu a știut cum să exprime ceea ce vi s-a întâmplat. Alternativ, este posibil să fi îndrăznit să vorbiți sau să exprimați ceea ce s-a întâmplat și să vă fi confruntat cu judecăți sau acuzații că mințiți. Situațiile în care abuzul a fost exprimat și tratat cu compasiune sunt mai puțin frecvente deoarece, în multe situații familiale, dacă abuzul este admis și recunoscut, atunci ceva trebuie să se schimbe. Căsătoriile se destramă. Cei dragi merg în instanță. Adesea, este mult mai "ușor" pentru oameni să își întrerupă conștientizarea și să nege că s-a întâmplat decât să facă față consecințelor adevărului.

Astfel, rușinea abuzului este îndreptată spre interior. Simțiți că sunteți afectați sau defecți. Îți recunoști greșeala. Devii secretul și, făcând asta, nu mai poți deveni tu însuți.

Gluma crudă despre rușine este că nouăzeci la sută din ceea ce ascundeți, ascundeți de fapt de voi înșivă pentru că așa ați fost programați să faceți. Pentru a suporta secretul, l-ai întors împotriva ta, într-o formă întortocheată de negare. Acest lucru înseamnă că nu mai poți fi în comuniune cu tine.

Rușinea se manifestă ca o greutate și o densitate în interiorul tău. Te plimbi cu ochii în pământ și cu capul plecat. Este ca și cum ai trăi într-o încruntare și există o transformare și o tracțiune a feței atunci când este declanșată.

Rușinea răsucește, de asemenea, cine ești în interior. Nu poți avea o intimitate adevărată (în-spre-mine) atunci când umbli într-un nor de rușine. Cu fiecare interacțiune, știi că nu ești tu însuți autentic, ceea ce, la rândul său, creează mai multă rușine și te face să te ascunzi și mai mult. Ciclul continuă, aducând tot timpul cușca abuzurilor în jurul tău.

Iată gluma cosmică a rușinii: îți petreci întreaga viață ținând-o captivă în corpul tău, deschizându-te la toate tipurile de boli (fizice, mentale, emoționale și spirituale) doar pentru a te ascunde, astfel încât nimeni să nu știe că ai avut această experiență. Totuși, majoritatea oamenilor de pe această planetă ascund și ei ceva!

Așadar, cum slăbiți sudurile rușinii? Una dintre cele mai bune modalități este să vă angajați într-o conversație reală pe această temă - să ieșiți din secretul care înconjoară abuzul.

Povestea ta și rușinea - ce înseamnă pentru tine și despre tine?

Uneori, atunci când lucrez cu oamenii pentru a facilita schimbarea, trebuie să fac un pas înapoi și să-i conduc prin ceea ce s-a întâmplat, pentru a depăși abuzul. Acest lucru include însușirea, revendicarea și recunoașterea a ceea ce cred ei că a însemnat povestea lor pentru ei și despre ei, precum și modul în care trăiesc acest lucru și astăzi. Pentru mulți dintre clienții mei, faptul că au fost abuzați sexual, fizic sau emoțional evocă sentimentul de a fi marfă deteriorată.

Înțelegerea modului în care vă interpretați povestea și rușinea - semnificația ei pentru dumneavoastră și despre dumneavoastră - vă poate ajuta să începeți să definiți o nouă alegere și să creați o nouă poveste. Vă va ajuta să vedeți cum semnificația pe care i-ați atribuit-o limitează viitorul pe care l-ați putea experimenta - și anume bucuria, fericirea și libertatea. Aproape de fiecare dată când conduc pe cineva prin atașamentul față de povestea lor, lipiciul care ține totul laolaltă este rușinea și identificarea lor cu ea, care, la rândul lor, cred că este ceea ce sunt cu adevărat.

Tu nu ești rușinea ta. Este doar ceva ce v-ați obișnuit să simțiți.

Această carte nu este despre judecată. Este despre unitate. Este vorba despre a folosi această conversație ca o țintă pentru a elimina abuzul. Acest lucru include recunoașterea faptului că abuzatorii noștri operau, de asemenea, din programele lor și ajutorarea lor, la un nivel energetic, pentru a trece și ei dincolo de abuz.

"...dacă sunteți unul dintre mulții oameni care au o problemă cu părinții lor, dacă încă nutriți resentimente față de ceva ce au făcut sau nu au făcut, atunci încă mai credeți că au avut de ales - că ar fi putut acționa diferit. Întotdeauna pare că oamenii au avut de ales, dar aceasta este o iluzie. Atât timp

cât mintea ta, cu tiparele ei condiționate, îți conduce viața... ce alegere ai?"

— ECKHART TOLLE, PUTEREA DE ACUM

Atâta timp cât păstrăm rușinea, păstrăm abuzul. Atât timp cât păstrăm povestea ascunsă, păstrăm abuzul în corpurile noastre. Atunci când ne identificăm cu rușinea, o blocăm în corpurile noastre. Și atunci, ne expunem la boli și la o viață cu posibilități limitate. Rămânem închiși în cușca noastră și asta face ca situația abuzată să fie dumnezeul tău, în loc ca tu să fii propriul tău dumnezeu. Desigur, nu mă refer la "Dumnezeu" în sens religios, ci la puterea pe care o aveți de a vă crea propria realitate.

EXERCIȚIU ENERGETIC: ELIBEREAZĂ RUȘINEA ȘI JUDECATA

Acest exercițiu eliberează toată energia pe care o aveți în jurul rușinii, împreună cu orice percepție că sunteți defecți sau bunuri deteriorate. Oricum ați simțit-o, oricând ați simțit-o și cu oricine continuați să o simțiți, puteți elibera rușinea - inclusiv toate secretele sau agendele ei ascunse, nespuse, nerecunoscute sau nedivulgate - în pământ.

Cu ajutorul degetelor, imaginați-vă că adunați energia rușinii începând de la picioare până în vârful capului, în partea din față și din spate a corpului. Aruncați-o în pământ în fața voastră și spuneți cu voce tare: "NU, NU MAI VREȚI ABUZURI. ESTE CORPUL MEU ȘI ALEGEREA MEA! DREPTUL MEU!" Faceți acest lucru de cel puțin 3 ori în timp ce vă imaginați energia disipându-se și eliberându-se în pământ. Puteți face acest lucru și cu furia, tristețea și alte emoții.

După aceea, notați orice creștere sau efecte pozitive în energia dumneavoastră.

TRISTEȚEA

Tristețea este furia întoarsă în interior. Nu ai avut ocazia să o exprimi în exterior, așa că o întorci împotriva ta.

Când trăiești în tristețe, trăiești de fapt în conștiința de victimă. Este nisipul mișcător care te ține blocat și incapabil să te miști. Problema cu tristețea este că proiecția pe care societatea o are cu privire la faptul că abuzul este greu de vindecat, întărește tristețea.

Când suntem triști din cauza abuzului, acționăm din convingerea că acest lucru nu ar fi trebuit să ni se întâmple. Există o noțiune falsă perpetuată de modul în care vedem în mod obișnuit lumea, conform căreia nu ar trebui să existe provocări în viață. Credința include presupunerea că viața ar trebui să fie lină și neîntreruptă. Atunci când funcționăm prin acest filtru, ni se întâmplă lucruri și simțim că am fost cumva înșelați de viață. Atunci când privim abuzul prin lentila conștiinței de victimă, acesta devine cel mai rău lucru care i s-ar putea întâmpla unei ființe umane și ne pierdem capacitatea de a folosi abuzul ca pe o experiență de viață transformatoare.

Când suntem blocați în tristețe, nu mai simțim că avem de ales, pentru că operăm din punctul de vedere că nu putem trece niciodată dincolo de ea.

În psihologie, capacitatea de a vedea experiența noastră ca fiind cumva benefică pentru atingerea celui mai înalt potențial al nostru este denumită "creștere posttraumatică". Aceasta ne permite să considerăm că devenim mai puternici și mai bogați prin provocările noastre. Nu putem vedea experiențele noastre în acest fel atunci când le privim ca pe o nedreptate.

EXERCIȚIU DE JURNAL: PUNCTE DE REFLECȚIE

Cât de mult ați operat din emoția tristeții? Ce fel de situații o declanșează? Cum se manifestă? Cum o simți în corpul tău?

Puteți recunoaște sentimentul de neputință care însoțește această emoție?

Care sunt gândurile familiare pe care le experimentați atunci când intrați într-o stare de tristețe?

După ce ați terminat acest exercițiu, puteți repeta exercițiul energetic de mai sus. În loc de rușine și judecată, de această dată eliberați emoția tristeții.

Cu ajutorul degetelor, imaginați-vă că adunați energia tristeții începând de la picioare până în vârful capului, în partea din față și din spate a corpului. Aruncați-o pe pământ în fața voastră și spuneți cu voce tare: "NU, Gata cu abuzurile. ESTE CORPUL MEU ȘI ALEGEREA MEA! DREPTUL MEU!" Faceți acest lucru de cel puțin 3 ori în timp ce vă imaginați energia disipându-se și eliberându-se în pământ.

După aceea, notați orice creștere sau efecte pozitive în energia dvs.

Ca o remarcă secundară, facem acest lucru pământului pentru că pământul este atât de vast și nu are nicio judecată. Ce altceva mai știți în această lume în care un incendiu poate izbucni într-o pădure și poate arde o pădure, iar un an mai târziu aceasta înflorește din nou? Verde. Acesta este pământul și de aceea disipăm și dizolvăm abuzul față de pământ. Îl folosim ca îngrășământ pentru ca ceva nou să înflorească.

FURIA ȘI FURIA

Furia poate fi o sursă de energie vitală și, atunci când este exprimată cu concentrare, vă poate ajuta să vă depășiți starea actuală. Cu toate acestea, atunci când nu este utilizată eficient, ea este mai degrabă un venin care se infiltrează și care vă menține într-o stare de îndoială și neîncredere.

Furia este furia întoarsă spre interior. Este o energie ucigașă incontrolabilă și explozia exterioară a climatului vostru interior. Este perturbarea vulcanului: "Urăsc toate astea". Când trăiți într-o stare permanentă ca aceasta, săriți adesea între furie și depresie. Din punct de vedere biochimic, nu poți susține furia decât atât de mult timp înainte ca aceasta să crească cortizolul și să scadă DHEA în corpul tău, deoarece este o stare de stres ridicat. Acest lucru poate duce la o oscilație a emoțiilor, cu perioade lungi de depresie, în care organismul nu mai poate susține furia, înainte de a reveni din nou la furie. Este un ciclu foarte epuizant care ne distorsionează percepția realității, făcându-ne să vedem doar ceea ce credem noi că se întâmplă, chiar și atunci când oamenii din jurul nostru încearcă să ne arate sau să ne spună contrariul. Cei care trăiesc în acest ciclu sunt adesea judecați de ceilalți ca fiind "amari". Poate fi o frecvență provocatoare pentru a fi în preajmă, deoarece atracția furiei este foarte puternică.

Unul dintre lucrurile pe care le putem face este să luăm aceste forme mai toxice de furie și să le transformăm într-un instrument pentru schimbare. Este posibil să fie nevoie de un facilitator priceput care să vă ajute să ieșiți din furie și să folosiți această energie ca un instrument de transformare. Dacă ați acționat din furie, uneori vă puteți simți bine, sau cel puțin preferabil depresiei, pentru că ceva se mișcă atunci când vă exprimați furia.

Deprinderea aici este să fii capabil să muți această energie
într-o direcție care te servește,
mai degrabă decât una care vă întărește provocările.

Primul pas în acest sens este să recunoașteți și să recunoașteți dacă ați fost prinși în ciclul furiei.

EXERCIȚIU DE JURNAL: PUNCTE DE REFLECȚIE

Scopul aici este să faceți fiecare emoție distinctă, astfel încât să le puteți separa și să lăsați corpul să vă fie aliat.

Puneți-vă mâna pe partea corpului care simte furia. Acum puneți-vă mâna pe partea corpului care simte furia. Puteți determina diferența sau asemănarea dintre furie și furie? Care dintre ele a fost cea mai predominantă pentru dumneavoastră?

V-ați găsit oscilând între furie și depresie?

Ați experimentat folosirea furiei pentru a vă exprima punctul de vedere?

Puteți determina diferența dintre o potență de furie și o explozie de furie?

După ce ați finalizat acest exercițiu, puteți repeta exercițiul energetic de mai sus, înlocuind de această dată emoțiile de furie și mânie.

Folosind degetele, imaginați-vă că adunați energia mâniei și a furiei începând de la picioare până în vârful capului, în partea din față și din spate a corpului. Aruncați-o pe pământ în fața dvs. și spuneți cu voce tare: "NU, Gata cu abuzurile. ESTE CORPUL MEU ȘI ALEGEREA MEA! DREPTUL MEU!" Faceți acest lucru de cel puțin 3 ori în timp ce vă imaginați energia disipându-se și eliberându-se în pământ.

După aceea, notați orice creștere sau efecte pozitive în energia dumneavoastră.

FRICA

Frica este o stare în care rămâneți blocați, înghețați și amorțiți. Atunci când trăiți în frică, pedalați împotriva curentului și intrați într-o zonă de distrugere. Este un sistem de răspuns automat în care te pregătești continuu pentru lucrul din lumea ta exterioară care pare că ar putea fi traumatic.

Atunci când trăiești în frică, întotdeauna cineva se va pune cu tine, te va înșela, va profita de tine, te va răni, te va respinge sau te va abandona. De obicei, nu are nimic de-a face cu persoana din fața ta și adesea te trezești proiectând versiunea ta de realitate asupra ei.

Când trăiești într-o stare perpetuă de teamă, nu poți fi niciodată prezent.

Frica implică aproape întotdeauna întoarcerea în trecut ca punct de referință pentru ceea ce s-a întâmplat înainte și proiectarea acestuia în viitor.

EXERCIȚIU DE JURNAL: PUNCT DE REFLECȚIE

Cât de mult ați operat din frică? Puneți-vă mâna pe partea corpului care simte frica.

Ce fel de situații o declanșează? Cum se manifestă? Cum simți frica în corpul tău?

Puteți observa că vă întoarceți în trecut și apoi căutați lucruri similare în prezent? Căutați în prezent dovezi că lucrurile vor merge prost?

Ce strategii puteți pune în aplicare pentru a vă surprinde atunci când frica începe să circule?

După ce ați terminat acest exercițiu, puteți repeta exercițiul energetic de mai sus, înlocuind de această dată emoția fricii.

Cu ajutorul degetelor, imaginați-vă că adunați energia fricii începând de la picioare până în vârful capului, în partea din față și din spate a corpului. Aruncați-o pe pământ în fața voastră și spuneți cu voce tare: "NU, NU ESTE REAL. ALEG SĂ RĂMÂN PREZENT ÎN PREZENT". Faceți acest lucru de cel puțin 3 ori în timp ce vă imaginați energia disipându-se și eliberându-se în pământ.

După aceea, notați orice creștere sau efecte pozitive în energia dumneavoastră.

Pe scurt, a trăi în emoțiile abuzului înseamnă a funcționa din armonici inferioare. Pentru a trăi radical și a funcționa din stările armonice superioare, trebuie mai întâi să recunoaștem că am trăit în emoțiile abuzului și ne-am asociat cu anumite frecvențe emoționale pe care am ajuns să le normalizăm.

Acum să ne gândim la modul în care trăirea în cușca abuzului și funcționarea din aceste stări emoționale au avut un impact asupra diferitelor domenii ale vieții voastre. Apoi, mai târziu în carte, vom explora modul în care puteți transforma aceste emoții, astfel încât să puteți trăi radical.

PARTEA A DOUA: LUPTA ÎN CUȘCĂ

4
___

CAPITOLUL PATRU: CONTINUAREA ABUZULUI

Când se va termina asta?

A fost o întrebare pe care mi-am pus-o de multe ori în viața mea. Totuși, în realitate, nu știam dacă se va termina vreodată. Multitudinea de abuzuri pe care le-am experimentat în diferite forme de-a lungul vieții mele păreau să se înmulțească pe măsură ce timpul trecea. Cu cât escaladau mai mult, cu atât eram mai convins că era ceva în neregulă cu mine, fiecare nou eveniment părând să confirme modelul de realitate după care operam, care presupunea că eram defect într-un fel.

Ceea ce știu acum, și pe care nu l-am înțeles atunci, este că atunci când acționăm din interiorul cuștii abuzului, acesta continuă să se perpetueze și nu știm cum să îl oprim. Este posibil să fi experimentat și tu

57

ceva asemănător, când relațiile, conexiunile și comunicările abuzive par să vină din toate unghiurile vieții.

De fapt, abuzul se încheie foarte rar atunci când evenimentul inițial se încheie.

După actul inițial de comitere, poți avea impresia că toată lumea te abuzează.

Abuzul în sine, fie că este vorba de un singur eveniment major sau de o serie de incidente mai mici, continuă să reverbereze în viața și în realitatea noastră mult timp după ce a avut loc.

Chiar dacă ați experimentat abuzul într-un anumit domeniu al vieții dumneavoastră, este probabil ca alte ecouri similare ale acestuia să se fi manifestat în diferite domenii ale vieții și într-o multitudine de moduri. Este posibil să fi observat că a devenit ca o epidemie care s-a răspândit în toate colțurile existenței tale. Dacă abuzul a început în copilărie, atunci este probabil că (cu excepția cazului în care l-ați transformat semnificativ și nu vă mai afectează) continuarea abuzului în numeroasele sale forme a fost principalul dvs. punct sau referință până acum.

ȘOCUL PERPETRĂRII

Una dintre cheile pentru a înțelege cum răspundeți la abuz este că actul abuziv creează un șoc în sistem. Trauma impune apoi corpului tău sisteme automate de răspuns care continuă să fie reactivate în momente de stres. Chimia corpului nostru se schimbă literalmente atunci când suferim un act abuziv, iar noi ne adaptăm retrăgându-ne în cușca invizibilă.

Inițial, cușca devine locul nostru de siguranță și este tot ceea ce știm să facem în fața supraîncărcării senzoriale și moleculare create de evenimentul inițial. Ori de câte ori ceva ne amintește de fapta inițială, ajungem din nou în cușcă. De obicei, toate simțurile sunt implicate, iar orice declanșator senzorial din lumea exterioară ne poate face să ne retragem înapoi în cușcă. Simțim un miros care ne amintește de evenimentul inițial - un parfum sau un aftershave - și ne trezim retrăgându-ne. Auzim ceva - cum ar fi un ton al vocii sau un anumit cuvânt care a fost folosit în timpul faptei - și din nou ne întoarcem în cușcă. Vedem ceva care ne amintește de eveniment - făptașul nostru are păr facial, vedem un bărbat cu păr facial - și brusc ne retragem din nou. Apoi există indicatori moleculari mai subtili: numeroasele sentimente și emoții pe care abuzul le-a creat. Adesea, atunci când o persoană suferă un abuz, aceste sentimente și emoții se blochează în corp și pot fi reactivate de cel mai mic lucru din realitatea noastră externă. Într-un anumit sens, îl încapsulăm pe agresor chiar în celulele ființei noastre. Realitatea făptuitorului devine astfel filtrul prin care experimentăm lumea și este o parte esențială a ceea ce ne ține închiși în cușcă.

Deși cușca este concepută pentru a ne proteja - încercând în cele din urmă să ne țină în siguranță pentru ca un eveniment similar să nu se repete - ajungem să ne definim prin șocul celor întâmplate. Structura noastră moleculară se schimbă, iar aceste schimbări devin filtrul prin care ne experimentăm realitatea.

Așa cum am mai spus, conștientizarea este o parte uriașă a vindecării cuștii abuzului. Dar când ne declanșăm în cușca noastră pentru că șocul evenimentului inițial este încă păstrat în corpurile noastre, operăm din opusul conștientizării.

Funcționăm din transă.

FUNCȚIONAREA DIN TRANSĂ

Dacă informațiile senzoriale despre ceea ce s-a întâmplat se declanșează frecvent, începeți să funcționați ca "anti-eu". Dacă vă amintiți, anti-eu vă împiedică să generați și să creați în viața voastră.

Dacă vă manifestați ca "anti-eu", este probabil să se întâmple unul din două lucruri.

- Sunteți conștienți că ceva este "în neregulă", dar se pare că nu reușiți să ajungeți la el sau să îl atingeți.
- Ați trăit în interiorul cuștii, dar nu ați fost conștienți că ați făcut acest lucru.

În ambele cazuri, există de obicei o tendință de a da vina pe lumea exterioară pentru ceea ce simțiți în interior.

ATRAGEREA A MAI MULT DIN ACELAȘI LUCRU

Cu cât acționăm mai mult din interiorul cuștii abuzului, cu atât mai mult atragem spre noi alte incidente de abuz. Rezonanța șocului evenimentului inițial și modul în care funcționăm molecular din această rezonanță înseamnă că atragem ființe similare care funcționează din același loc.

Atunci când ne vedem ca victime și simțim că abuzul a fost comis împotriva noastră, alți agresori sunt atrași de noi pentru a repeta ciclul,

Nu vedem că ei sunt pur și simplu blocați și ei în propriile lor cicluri, iar noi jucăm, de asemenea, un rol pentru ei. În schimb, prin filtrele noastre, ei par a fi atacatorii și opresorii noștri, nimic mai mult. Dacă vi s-a întâmplat acest lucru, probabil că o parte din voi crede că asta înseamnă că este ceva în neregulă cu voi. Așa cum am subliniat în introducerea la această carte, nu este nimic în neregulă cu tine dacă ai atras continuu abuzuri în viața ta în cicluri similare. Pur și simplu, odată ce abuzul a apărut în viața ta, nu ai știut cum să încetezi să îl recreezi.

COMITEREA DE ABUZURI ÎMPOTRIVA PROPRIEI PERSOANE

Atunci când am fost abuzați, preluăm realitatea agresorului ca și cum ar fi a noastră. Fie că abuzul a fost financiar, emoțional, fizic, domestic, spiritual sau sexual, realitatea persoanei care ni l-a impus devine în cele din urmă realitatea prin care ne experimentăm lumea.

Există un termen în biofizică numit "mimetism biomimetic" - care înseamnă pur și simplu că am preluat modul altcuiva de a fi în lume ca și cum ar fi fost al nostru. Deseori experimentăm mimetismul biomimetic cu agresorul nostru, ceea ce ne poate ajuta să înțelegem cum uneori cel abuzat poate deveni agresor.

Un alt mod de a ne gândi la aceasta este că răspunsurile noastre condiționate, obișnuite, devin o cale a durerii. Astfel, ca exemplu, o cale a durerii ar putea fi faptul că autorul abuzului crede că a fost malefic sau rău sau că a greșit, iar această energie este transferată către noi în timpul "actului". Apoi începem să ne comportăm ca și cum am fi răi sau răi sau greșiți. Acest lucru menține în viață evenimentul inițial, adăugând mai mult combustibil la focul PTSD și nepermițând niciodată spațiu pentru creșterea posttraumatică.

Mimetismul biomimetic ia multe forme și nu înseamnă neapărat că vom deveni ca agresorul nostru. Cel mai adesea înseamnă că preluăm un element din modul lor de a fi în lume și ni-l impunem nouă înșine. Atunci când îi imităm biomimetic pe agresorii noștri, aceasta înseamnă că acționăm pe aceleași căi ale durerii ca și ei. Atunci când se întâmplă acest lucru, nu comunicăm niciodată cu adevărat cu propriul nostru sine, deoarece, la un anumit nivel, căutăm în subconștient aprobarea făptașilor noștri, imitându-i.

Ca exemplu, am experimentat mimica biomimetică cu mama mea. Am avut o relație tumultoasă cu ea și, mult timp după ce am devenit adult, încă operam din realitatea ei energetică. Pentru mine, acest lucru s-a manifestat prin dificultatea de a fi singură. Nu m-am simțit niciodată bine singură și am vrut întotdeauna să fiu cu cineva. De asemenea, mi-a fost greu să generez și să creez în viața mea - ceea ce uneori se numește "a sta pe propriile picioare". Am petrecut decenii generând și creând din realitatea mamei mele - nu doar în corpul și mintea mea, ci și în carieră și finanțe. Nu mi-am dat seama că operam din realitatea ei atunci când făceam asta.

Unul dintre indiciile că trăiești în limitele realității pe care ți-a impus-o făptașul este că te regăsești operând din micimea ta. Luați decizii bazate mai degrabă pe frică decât pe expansiune. În cazul meu, de exemplu, am lăsat-o pe mama să aleagă școala și colegiile la care am mers, în loc să mă aleg pe mine. Puterea, încă o dată, era la făptaș.

Mama mea era foarte autoritară, critică și violentă. Mesajul predominant pe care mi l-a transmis mie și celor din jurul ei a fost: "Singurul mod în care te voi accepta este dacă faci ceea ce spun eu". Supunându-mă voinței ei, îi permiteam să continue să aibă putere asupra mea. Eram atât de blocată în violența fizică, traumă și abuz, încât nu știam cum să-i spun nu. A spune da realității altcuiva înseamnă, de fapt, a-ți spune ție nu. Aceasta este ceea ce te divorțează de comuniunea cu tine însuți.

Așadar, de unde știi dacă ceea ce simți în stomac este al

tău sau ceva ce aparține altcuiva și pe care l-ai acceptat ca fiind al tău?

EXERCIȚIU DE JURNAL: A CUI REALITATE EȘTI?

Ce v-au învățat mama și tatăl tatăl tău și ceilalți oameni din viața ta te-au învățat despre tine, corpul tău, viața ta viața și realitatea voastră, pe care încă le credeți sau în jurul cărora vă creați viața conștient sau inconștient?

Sunt aceste convingeri adevărul tău?

Cu alte cuvinte, le alegeți acum?

La un nivel fundamental, convingerile noastre ne servesc într-un anumit fel. Cum vă țin aceste convingeri sau comportamente închiși în cușcă și vă servesc în același timp?

Puteți identifica modul în care servirea nevoile altora vă menține de fapt într-o viață de compromis?

Făptașii noștri pot sau nu să fie încă în viața noastră. Ei pot fi vii sau morți. Dar atunci când le cedăm puterea noastră, ne închidem toate posibilități și trăim în limitare. Acum deveniți făptașul împotriva tine. Odată ce se întâmplă această "răsturnare", trăiți complet dintr-o realitate automată. Când vorbim despre agresiunea împotriva voastră, aceasta nu include doar include actul original de abuz în sine. Acesta include fiecare alt act abuziv care a avut loc în viața ta și pe care l-ai asumat ca fiind adevărul tău – toate deciziile, concluziile, percepțiile, amintirile, visele și judecățile pe care alții au făcut alții despre tine și pe care tu, la rândul tău, le-ai transformat în propria ta realitate – și care este, în esență, programarea voastră cu privire la nedreptatea voastră.

Sunteți un magnet de conștiință, percepeți, cunoașteți, sunteți și primiți energie de pe întreaga planetă, din întreaga lume, de la strămoșii voștri, din corpul vostru, de la persoana de alături, de la șefii voștri, de la colegii voștri, de la bisericile voastre și așa mai departe.

EXERCIȚIU ENERGETIC: RENUNȚAREA LA CEEA CE NU ESTE AL VOSTRU

Închideți ochii și puneți-vă mâinile pe timus și pe osul pubian. Respirați pe gură de 3 ori și spuneți: "HI BODY! HI BODY! HI BODY! HI ME! HI ME! HI ME! HI PĂMÂNT! HI PĂMÂNT! HI

PĂMÂNT!" Extindeți-vă energia pentru a atinge cele patru colțuri ale camerei în care vă aflați și respirați. Expirați cât de mult puteți merge în sus, în jos, la dreapta, la stânga, în față și spate. Inspirați prin fața voastră, inspirați din spatele vostru, inspirați inspirați din dreapta voastră și inspirați din stânga voastră. Respirați în sus de la picioare și în jos până la cap. Repetați toate "saluturile" de mai sus. Deschideți ochii.

Observați cum vă simțiți sau orice schimbare în energia voastră.

Pe scurt, atât timp cât nu sunteți dispuși să alegeți și să creați din realitatea voastră, veți alege din realitățile altor oameni. Iar atunci când vă compromiteți propria realitate pentru cea a altcuiva, este nevoie de multă energie din corp. Vă secătuiește de propria vitalitate esențială. Acesta este "scop" al cuștii invizibile - nu ajungi niciodată să exiști cu adevărat ca TU.

5

CAPITOLUL CINCI: SĂNĂTATEA ȘI CORPUL TĂU

"Și i-am spus corpului meu, încet, "Vreau să fiu prietenul tău." Acesta a respirat lung și a răspuns: "Am am așteptat toată viața asta."

— NAYYIRAH WAHEED

Simți vreodată că ești în război cu corpul tău? Dacă ați experimentat orice fel de abuz, acesta este adesea cazul. Există trei moduri principale moduri în care te poți afla în război cu corpul tău:

- Te trezești că pui nevoile altora mai presus de ale tale.

- Îți judeci constant corpul.
- Ignorați indicațiile și solicitările corpului dumneavoastră.

În acest capitol, vom explora modul în care abuzul pregătește terenul pentru a fi

în război cu corpul dumneavoastră, precum și ce puteți face pentru a experimenta mai multă pace și armonie în propria ființă fizică.

1. PUNEREA NEVOILOR ALTOR PERSOANE ÎNAINTEA PROPRIILOR NEVOI

Atunci când are loc un abuz, tu devii invizibilă, în timp ce abuzatorul estevizibil. Nevoile tale devin invizibile în timp ce nevoile abuzatorului cresc. Acest lucru stabilește modelul pentru cușca invizibilă a abuzului.

Din interiorul cuștii abuzului, credeți că este normal să faceți nevoile altor persoane mai importante decât ale tale. De aici, treceți peste numeroasele indicații și solicitări ale corpului tău, în timp ce pui frecvent nevoile altora pe primul loc. Amintindu-vă de cele 4D, ați putea descoperi că negați că aveți de fapt aveți nevoi, sau disociați, deoarece credeți că trupul vostru nu contează. Vă deconectați de la ideea că aveți dreptul să primiți ceva, și vă apărați împotriva a orice care vine la voi. Acest lucru creează straturi de densitate pe corpul vostru - greutatea, strânsoarea, rigiditatea, controlul, constricția și așa mai departe.

Pe măsură ce anii trec, vă normalizați făcând nevoile oamenilor mai importante decât ale tale. Modelul se agravează. Te trezești disociindu-te de corpul tău și tratându-l ca și cum nu ar conta, dar, în același timp, vă simțiți întemnițat de el. Rezultatul este că vă deconectați în continuare de corp și trăiești în mintea ta. Dar mintea este doar 10% din corpul tău - ceea ce înseamnă înseamnă că vă negați ceilalți 90% din voi.

2. JUDECÂNDU-ȚI CORPUL

Când negi, *disociezi, deconectezi* și te aperi de *corpul tău judecându-l, începi să te închizi* și mai adânc în cușca abuzului. Rezultatul este că corpul tău începe să se umfle. Devine dens. Devine constrâns. Începe să aibă dureri. Lucrurile încep să meargă prost.

Pe măsură ce corpul tău devine mai rigid, gândirea ta devine și ea mai rigidă. Începeți să vedeți lucrurile în alb și negru sau că pot fi făcute într-un singur fel. Îți pierzi gândirea creativă în favoarea concluziilor și a punctelor de vedere fixe.

De asemenea, s-ar putea să te îngrași sau să te simți mai greu. Adesea, atunci când avem greutate în corp, aceasta are mai mult de-a face cu ura de sine, cu judecăți, decizii și concluzii pe care le-am făcut despre noi înșine, pe baza a ceea ce ni s-a întâmplat în trecut. Chiar dacă nu aveți o problemă de greutate fizică, greutatea poate apărea ca alte tipuri de greutate, cum ar fi depresia. Acest lucru se poate datora, de asemenea, densității pe care o păstrați în corpul dumneavoastră în jurul abuzului.

Greutatea poate fi reprezentată de toxinele pe care încă le păstrați de la agresorii voștri. De asemenea, poate proveni din judecățile pe care le-ați preluat de la alte persoane, precum și din judecățile pe care le aveți despre dumneavoastră. Uneori este o apărare pe care ați creat-o pentru a încerca să vă protejați de alți agresori. Iar prin menținerea greutății în loc, mesajul de bază este că toți ceilalți din viața ta sunt potențiali abuzatori pentru tine.

Crearea schimbării pornind de la judecată

Atunci când ne privim corpul și ne hotărâm să îl schimbăm, venim adesea dintr-un loc al judecății. Ne facem rău sau greșim pentru că corpurile noastre sunt așa cum sunt.

*De fiecare dată când luați decizia că e ceva în neregulă
cu voi,
aceasta vine din judecată.*

Ne putem face un plan pentru a face mai multă mișcare sau pentru a mânca mai puțin, dar acesta se bazează de obicei pe privarea noastră de orice formă de plăcere. Adesea, atunci când am fost abuzați, tindem să recurgem la metode mai dure de pierdere în greutate și la planuri stricte. Avem deja o amprentă cu privire la faptul că trupurile noastre au fost abuzate și continuăm să perpetuăm această amprentă și să ne împingem în obiective dure și nerealiste de pierdere în greutate, care tind apoi să se întoarcă împotriva noastră. Nu știm cu adevărat cum să ne împrietenim cu corpul pentru că nu acționăm dintr-un loc al bunăvoinței față de el. Într-un fel, continuăm să perpetuăm abuzul pe care l-am experimentat.

Modele de dezarmonie

În capitolul trei, am vorbit despre modul în care emoțiile tale pot fi fie armonioase, fie dizarmonice, în funcție de faptul dacă operezi din frecvențele armonice inferioare sau superioare. Amintiți-vă că tiparele de dizarmonie creează boli, deconectare și defensivă.

Fenomenul minte/corp este foarte real. Grăsimea și toxinele stocate în corpul dumneavoastră sunt, de fapt, o oglindă a judecăților, deciziilor și concluziilor pe care le-ați făcut. Din păcate, mulți dintre noi alegem greutatea toxinelor și a judecăților ca fiind adevărul nostru, în locul ușurinței și expansiunii armonicilor superioare. Dar, alegând să păstrați greutatea, păstrați de fapt acele judecăți și concluzii ca realitate vie - încuindu-vă tot mai adânc în cușcă. Atunci când ne vedem corpul altfel decât ca pe un dar, experimentăm o profundă lipsă de pace.

3. TRECEȚI PESTE INDICAȚIILE ȘI SOLICITĂRILE CORPULUI VOSTRU

Un alt mod în care perpetuăm abuzul este ignorând ceea ce corpul nostru solicită. Corpurile noastre au o înțelepciune înnăscută, care a fost compromisă de traiul din secolul XXI. Cu toate acestea, abuzul compromite și mai mult această înțelepciune. Negarea, deconectarea și disocierea ne separă de numeroasele indicații și solicitări ale corpului nostru. Prea adesea, această înțelepciune înnăscută este amorțită de mâncare, alcool sau droguri. Este confuz pentru minte/corp atunci când mâncăm emoțional sau răspundem la pofte. Ignorarea înțelepciunii înnăscute a corpului ne îndepărtează și mai mult de noi înșine. Din punct de vedere social, a devenit normal să ne conformăm în acest fel, în loc să ascultăm de ce au nevoie corpurile noastre.

Am avut o experiență cu ceva timp în urmă. Am decis să merg la unul dintre restaurantele mele indiene preferate, fără gluten. Mai fusesem acolo înainte și întotdeauna mi-a plăcut. Cu toate acestea, în timp ce conduceam până acolo, corpul meu a început să-mi spună: "Nu, nu este bine pentru tine acum".

Credeam că o să-mi treacă odată ajunsă acolo, dar când am început să mănânc, nu avea gust bun. Totuși, nu m-am oprit. Mâncarea nu s-a acomodat bine în corpul meu. Toată noaptea m-am simțit inconfortabil, dar nu era vorba doar de mâncare, ci și de faptul că gândirea mea și corpul meu erau în război. Nu mi-am ascultat corpul, chiar dacă acesta îmi dăduse indicații foarte clare.

EXERCIȚIU DE JURNAL: MÂNCAȚI CONȘTIENT?

De câte ori ați trecut peste indicațiile corpului și ați mâncat când nu vă era foame sau când erați trist sau furios? De câte ori ați mâncat atunci când corpul vă spunea "Nu", pentru că trebuia să ieșiți la cină sau să participați la un eveniment social?

Țineți o evidență a momentelor în care vă este foame. Întrebați-vă: Mi-e foame sau sunt supărat? Mi-e sete sau am nevoie de un prieten, de o îmbrățișare, de o plimbare? Începeți să observați ce încearcă de fapt corpul dumneavoastră să vă spună.

VINDECAREA ABUZULUI DIN CORP

Ceea ce majoritatea oamenilor - inclusiv terapeuții tradiționali - nu înțeleg este că, dacă doriți să vindecați abuzul, primul loc în care trebuie să mergeți este corpul. Încă nu am văzut să se întâmple altfel. Din păcate, este adesea ultimul loc în care vrei să mergi. Lucrul cheie de realizat este că abuzul sporește separarea dintre minte și corp, iar vindecarea abuzului închide acest gol de separare. Literalmente, trebuie să învățați cum să desfaceți trauma din corp. Este vital să învățați cum să rezolvați dizarmonia fizică, astfel încât să puteți fi una cu corpul vostru.

Când sunteți uniți cu voi, sunteți uniți cu totul - toate moleculele din lumii. Dacă sunteți separați de corpul vostru, sunteți separați de tot.

Primul pas este să refuzi să mai lași ca abuzurile tale din trecut să aibă putere asupra ta. În mod frecvent în această carte am întărit mesajul că unul dintre cele mai valoroase lucruri despre tine este capacitatea ta de a alege. Primul tău pas este să alegi să nu mai laşi nevoile altora să prevaleze asupra nevoilor tale, să-ţi judeci corpul sau să-i ignori cererile.

Încetarea judecăţii

Este esenţial să vezi cum abuzurile din trecut se văd pe corpul tău. În loc să vă vedeţi ca fiind grasă, urâtă, rea sau greşită, puteţi începe să vedeţi că aceste judecăţi au venit de la altcineva sau din altă perioadă şi să începeţi să vă creaţi corpul dintr-un loc al corectitudinii şi al integrităţii.

În loc să încercăm să ne schimbăm corpul prin judecată şi pedeapsă, putem face alegeri bazate pe o nouă paradigmă a "rezolvării". Aceasta înseamnă că alegem să ne vedem pe noi înşine şi corpurile noastre de la un alt nivel de conştiinţă, unul care se bazează pe bunătate, hrănire şi îngrijire, mai degrabă decât pe vină, ruşine, regret şi autopedepsire.

Pe măsură ce renunţăm să ne judecăm corpul, începem din ce în ce mai mult să vedem legătura dintre greutatea pe care o purtăm asupra corpului nostru şi greutatea problemei abuzului.

Încetaţi să vă judecaţi corpul atunci când încetaţi să vă respingeţi, să vă ejectaţi şi să vă evacuaţi din orice posibilitate. Sănătatea ta, corpul tău (alături de bani, bogăție și relații, pe care le vom explora în capitolele următoare) sunt toate legate de respingerea, ejectarea și evacuarea ta de orice posibilitate.

Ce ar trebui să faceți pentru a crea bucuria posibilității cu corpul dvs.
acceptându-vă și îmbrățișându-vă ca o posibilitate?

Corpul tău este un sistem de detectare a plăcerii. Până acum, însă, probabil că ați eradicat complet experiența plăcerii, sau ați deformat, răsucit sau limitat plăcerea pe care v-o permiteți, la satisfacții instantanee precum ciocolata sau alte senzații tari temporare. Cu toate acestea, corpul tău a fost conceput pentru plăcere și este conectat pentru fericire.

EXERCIȚIU DE JURNAL: SCHIMBAȚI ORIENTAREA ALIMENTAȚIEI DVS.

În loc de rutina obișnuită a celui mai recent plan de dietă sau modă care te întoarce să-ți judeci corpul, ce poți face pentru a crește plăcerea în corpul tău, astfel încât atenția ta să nu mai fie pe ceea ce este în neregulă cu el? Nu vă întrebați cum puteți pierde în greutate sau cum vă puteți schimba corpul. Întrebați-vă cum vă puteți elibera de tiparele de judecată care îl țin acolo.

Notează 10 judecăți pe care le ai despre corpul tău. În fiecare zi din următoarea săptămână, pentru fiecare judecată pe care ați scris-o, alegeți o acțiune diferită în locul ei.

Să vă ascultați corpul și să vă prioritizați nevoile

În noua paradigmă a "hotărârii", nu vă mai forțați corpul să se schimbe. Vă hotărâți să opriți războiul cu corpul vostru, indiferent de ce este nevoie pentru a face această schimbare. Trebuie să fii dispus să iei această hotărâre. Trebuie să fiți dispuși să fiți vizibili și să faceți ca nevoile voastre să primeze. Nu uitați, dacă ați fost abuzată, nevoile tuturor celorlalți au devenit mai vizibile decât ale dumneavoastră. Trebuie să vă hotărâți să vă faceți vizibile propriile nevoi. Universul vă va arăta că vă sprijină. Dar trebuie să fii dispus să ai și tu spatele tău.

A învăța să comunici cu corpul tău și să-l întrebi de ce are nevoie poate crea mari schimbări. Chiar și întrebarea frecventă: "Bună, corp, de ce ai nevoie acum?" vă permite să recunoașteți că aveți un corp și să puneți capăt tiparelor de disociere.

Dacă ați fost deconectat de la corpul dvs. de ceva timp, este posibil să nu înțelegeți la început ce vă spune. Când apare ceva în corpul tău, îți poți pune întrebări precum: "Dacă corpul meu (sau această parte a corpului meu: numește-o) ar putea vorbi, ce ar spune? Ce îmi spune? Este pentru acum, sau este pentru mai târziu?" (În ceea ce privește ultima întrebare, uneori corpul dumneavoastră vă arată ceva care cere să fie vindecat într-o sesiune de vindecare mai profundă, pe care nu ar fi potrivit să o faceți atunci când apare).

EXERCIȚIU: MIȘCAȚI-VĂ, MIȘCAȚI-VĂ, MIȘCAȚI-VĂ

Uneori vă veți trezi simțindu-vă greoi sau dens în corp și nu știți de ce. În loc să acceptați această stare, întrebați-vă ce puteți face pentru a trece peste ea. Treceți pe banda de alergare. Ieșiți afară și mișcați-vă corpul. Bateți din tobe, aplaudați, dansați sau cântați. Mișcați-vă corpul timp de 30 de secunde, vedeți ce se schimbă. Creșteți la un minut sau două.

Alternativ, puteți seta un cronometru pentru 15 minute și scrieți următoarea frază: Un lucru pe care corpul meu nu ar vrea să îl știu este _______________ (terminați fraza). Faceți acest lucru timp de 15 minute, apoi rupeți-l și continuați-vă ziua.

Nu uitați, abuzul nu este doar un eveniment - este o experiență pentru întregul corp. Nicio parte din tine nu scapă de sentimente, dar tu poți schimba sentimentele care apar mai instantaneu decât ți-ai putea da seama.

Acționează în funcție de orice recunoaștere pe care ți-o dă corpul tău.

La începutul cursului meu despre corp, le spun oamenilor să își imagineze că își așează capul pe un hamac pe plajă și că le dau corpului șansa de a recunoaște ceea ce știe. Pentru mulți oameni, capul a devenit locul din care se navighează în viață, iar noi vrem, în schimb, să includem înțelepciunea și conștiința pe care le are corpul. Corpul știe totul. Doar că ați învățat să nu aveți încredere în el. Spuneți din nou și din nou: "Bună corp, bună corp, bună corp". Există o anumită vulnerabilitate în asta. Puteți coborî și extinde acel spațiu de vulnerabilitate, care vă permite să primiți mult mai mult.

Corpurile noastre sunt adaptabile și strălucitoare și au capacități uimitoare - atunci când vedem strălucirea a ceea ce pot fi corpurile noastre, putem opera din forța lor puternică și dinamică.

EXERCIȚIU: O NOUĂ ZI

Acționați pentru o zi ca și cum corpul vostru are dreptate în legătură cu totul. Oricare ar fi conștientizarea pe care v-o oferă, prefaceți-vă pentru o zi că vă angajați să acționați în consecință. Ce viitor ar crea asta?

Pe scurt, probabil că sunteți obișnuiți să vă judecați corpul, să treceți peste indicațiile și solicitările sale și să puneți nevoile altora mai presus de ale voastre. O parte din vindecarea abuzului este includerea întregului corp și revenirea în contact cu inteligența sa. Corpul știe mult mai multe decât îți dai seama, iar atunci când îți scoți capul din ecuație și înveți să îți asculți corpul, vei experimenta mai multă prezență și o relație mai bună cu tine și cu pământul.

6

———

CAPITOLUL ȘASE: RELAȚIILE ȘI SEXUALITATEA

Dacă ați fost abuzat la orice nivel, sunt șanse ca sexul și relațiile să nu vă vină atât de ușor. Simplul fapt este că aveți nevoie de corpul vostru pentru a avea o relație de orice fel și, așa cum am discutat în ultimul capitol, corpul este locul în care sunt stocate multe dintre problemele legate de abuz.

Există o serie întreagă de moduri în care putem explora sexul și relațiile atunci când vine vorba de abuzuri. În acest capitol, ne vom concentra pe două dintre cele mai importante:

- Te trezești inventând lucruri care crezi că se întâmplă în relația ta și care nu sunt de fapt adevărate.

- Te trezești părăsindu-ți corpul în timpul sexului.

Dacă reușești să încetezi să te mai gândești și să-ți inventezi relația și înveți să rămâi în corpul tău în timp ce faci sex, vei experimenta conexiunea și intimitatea la un nivel cu totul nou.

INVENTAREA RELAȚIEI TALE

Relațiile pot fi o dulce comuniune, dar pot fi și pline de conflicte, traume, drame și durere. Majoritatea dintre noi am avut parte de puțină comuniune pe margine și de un platou plin de conflicte chiar în centru. Relațiile tale sunt pline de bucurie și plăcere? Sau sunt sufocante și sufocante? Experimentați comuniunea sau experimentați separarea?

O mare parte din problemele pe care le avem în relații provin din "inventarea problemelor". Invențiile sunt minciunile pe care vi le spuneți, lucrurile pe care le inventați și poveștile despre ceea ce se întâmplă care nu sunt de fapt adevărate. Aici ne concentrăm în principal pe modul în care faci acest lucru în relația ta principală, dar inventarea poveștilor poate apărea și în alte părți ale vieții tale.

Ne creăm răspunsurile, reacțiile și comunicarea pe baza invențiilor pe care le avem despre relație. Acestea ne împiedică să experimentăm adevărata intimitate pe care ne-o dorim. De ce este acest tipar atât de răspândit în cazul abuzurilor? Se întoarce, ca întotdeauna, la cușca invizibilă.

Atunci când ești închis în cușcă, ai o conversație cu tine însuți.

Inventezi o conversație cu tine însuți pe baza tiparelor și experiențelor tale și apoi îți proiectezi concluziile asupra partenerului tău, a celor dragi, a copiilor tăi și așa mai departe.

Gluma crudă este că nu articulați niciodată ceea ce se întâmplă de fapt în mintea dvs. partenerului sau celuilalt iubit. În schimb, deformați și răsuciți ceea ce se întâmplă în fața voastră din cauza proiecțiilor voastre, iar relația devine deformată și răsucită ca rezultat. În loc să fie persoana pe care o iubești, ea devine persoana pe care vrei să o omori! Îți exteriorizezi furia din vocea reprimată din tine, fără ca partenerul tău să știe vreodată ce se întâmplă cu adevărat.

Aceste "invenții" sunt ca un gaz tăcut, care se infiltrează în relație, dar nu sunt numite cu adevărat. Probabil nici nu știi că sunt invenții pentru că nici măcar nu te uiți la ele și nu pui întrebări despre ele. O întrebare pe care ți-ai putea-o pune înainte de a reacționa este: "Este de fapt adevărat sau este o invenție?" Dar probabil că nu v-ați pus o astfel de întrebare până acum. Pur și simplu o faceți adevărată, credeți că este adevărată, acționați pe baza ei și creați din ea. Pe măsură ce faci asta, te închizi din ce în ce mai mult în cușcă, în timp ce în același timp îți închizi și partenerul în afara cuștii tale.

Pentru că nu-i spui niciodată partenerului tău ce se întâmplă cu adevărat cu tine, el, la rândul său, nu-ți pune niciodată întrebări sau nu aduce lucrurile în discuție. S-ar putea să spună ceva de genul: "Ești nebun" sau "Faci asta tot timpul" sau "Poate ar trebui să mergi după ajutor". Dar ei nu știu cum să întrebe cu adevărat ce se întâmplă cu tine. Tu nu ești în contact cu asta, așa că nici ei nu pot fi în contact cu tine.

Semne că îți inventezi relațiile

Primul pas pentru a trece dincolo de invenții și a intra în spațiul comuniunii adevărate este să vezi invențiile pe care le folosești în relația ta, în loc să-ți bazezi relația pe povești care nu sunt adevărate. Aceste invenții vă împiedică să experimentați adevărata intimitate pe care o doriți.

Așadar, cum îți dai seama dacă îți inventezi relația? Există patru semne pentru a-ți depista invențiile:

1.Nevoile tale nu contează și nevoile partenerului tău domină.

2.Te simți dependent de partenerul tău și în același timp îl resimți.

3.Ai făcut înțelegeri nespuse și inconștiente de genul: "Dacă ai grijă de mine, mă protejezi și mă asiguri financiar, voi avea grijă de tine. Voi face mesele. Voi avea grijă de tine. Voi face ceea ce îți dorești".

4.Nu mai recunoști cine ești. Ți-ai creat o persona sau un rol pentru tine. Este cine crezi că trebuie să fii pentru a fi iubit. Cel mai probabil nu te-ai întrebat niciodată dacă asta este ceva ce trebuie să fii cu adevărat.

Invențiile tale sunt bazate pe trecut

Invențiile pe care continui să le joci în relațiile tale sunt jucate pornind de la vechile tipare de abuz pe care le-ai experimentat. Acestea sunt adesea tipare a ceea ce ați învățat în relații sau a ceea ce vi s-a modelat și, de obicei, sunt pline de proiecții, separări, așteptări, respingeri, resentimente și regrete. Astfel, în loc să vă depășiți trecutul și să creați o nouă formă de intimitate, vă închideți în cușca abuzului, recreându-vă trecutul și închizându-vă și mai mult în aceste minciuni și invenții. De multe ori, nu reușești niciodată să vezi cu adevărat ceea ce este chiar în fața ta sau frumusețea ființei care a decis să își împartă viața cu tine.

Repetând aceeași dinamică cu partenerul pe care ați experimentat-o în copilărie, vă creați "adevăruri" despre celălalt care sunt de fapt invenții. Acesta devine modul în care relaționați și comunicați cu el - totul se bazează pe aceste invenții. Totuși, aceste invenții nu fac decât să vă lipsească de putere, chiar dacă le faceți despre altcineva. Devine o dinamică a resentimentelor care este de fapt doar o conversație nebunească pe care o ai cu tine însuți din interiorul cuștii.

Atunci când nu vedeți cealaltă persoană în fața voastră și credeți minciunile, proiecțiile, așteptările, resentimentele și așa mai departe, vă creați de fapt relațiile pe baza acestor filtre. De fapt, creați o relație bazată pe o minciună. Asta este ceea ce majoritatea lumii numește "relație".

Acesta nu este doar un abuz asupra ta - este un abuz și asupra partenerului tău. Acesta este momentul în care relația devine un război între doi oameni. Pentru că toate aceste convingeri subconștiente în jurul cărora v-ați creat relațiile s-au bazat pe limitare, pe decizii inconștiente și pe propria conversație cu voi înșivă.

Merită să vă amintiți că, dacă faceți acest lucru, este probabil ca părinții sau îngrijitorii voștri primari să vă fi dat acest model. Tatăl meu era plecat foarte mult și îmi amintesc că atunci când se întorcea acasă, părinții mei se bucurau să se vadă. Dar aveam, de asemenea, conștiința că mama era supărată că el nu era mai mult acasă, ajutând-o cu cei trei copii. Și știam, de asemenea, din punct de vedere energetic, că el nu voia să fie acolo. Nu a spus-o, dar am simțit-o. Urmăream această dinamică și simțeam diferența dintre modul în care se comportau și ceea ce nu spuneau. Încercarea lor prefăcută de afecțiune nu mi se părea corectă. Știam că era o minciună. Își puneau personaje unul pentru celălalt și pentru copii. Nu vorbeau despre problemele subiacente în fața noastră, dar aceste probleme ieșeau la iveală în acțiunile lor. De exemplu, mama trântea farfuria pe masă când îi dădea de mâncare tatălui meu, iar el răspundea cu o expresie "invizibilă" de ură. Se exprimau prin comportamentul lor, fără voce. Acestea sunt invențiile inconștiente care au loc în relații, care creează relația ca război, conflict și dramă - în loc de bucurie și comuniune.

Un Nou Model De Relații

Relațiile sunt concepute pentru a vă avantaja și a vă permite dvs. și partenerului dvs.
să vă extindeți împreună, să contribuiți unul la celălalt și să vă aduceți bucurie reciproc.

Nu trăiesc într-un ideal utopic în care cred că nu vor exista conflicte. Totuși, cred că putem schimba totul și orice, inclusiv modul în care ne comportăm în relații.

Poate fi foarte dificil să creezi schimbări dacă îți bazezi în continuare relația pe inventarea de probleme. Când trăiți în "țara invențiilor", atunci nici măcar nu vorbiți despre ceea ce este adevărat. În schimb, vă certați pe probleme care nici măcar nu sunt reale.

Dacă v-ați aflat vreodată într-un fel de dispută într-o relație și ați spus ceva de genul: "Nici măcar nu știu despre ce ne certăm", atunci veți ști ce vreau să spun. Uneori putem recunoaște când este vorba de invenție și există o mare putere în a te opri efectiv la jumătatea fluxului și a spune: "Asta a fost în totalitate invenția mea. Îmi pare rău. A fost vorba despre XYZ și nu are nimic de-a face cu tine".

Cu toate acestea, majoritatea dintre noi nu recunoaștem când ne aflăm în faza de invenție, deoarece de multe ori pare atât de reală, mai ales atunci când sunt atașate emoții. Provocarea este că emoțiile se declanșează pe baza experiențelor noastre din trecut, iar atunci când suntem încărcați emoțional, invențiile noastre par mult mai reale.

Odată ce acționați mai mult din conștiință și mai puțin din tiparele voastre, vă deschide posibilitatea de a face o alegere în aceste momente. Sunteți capabili să vă întrebați:

- Cine voi alege să fiu?

- Vreau să fiu o minciună sau o persoană și să fiu prins în cușca abuzului?
- Vreau să mă ridic cu hotărâre și cu o tenacitate a conștiinței și să creez comuniune?

Aveți posibilitatea de a alege să creați o nouă posibilitate și să experimentați o mai mare expansiune împreună în toate modurile în care relaționați - comunal, sexual, financiar, fizic, emoțional, mental, psihologic și spiritual.

EXERCIȚIU DE JURNAL: CONVINGERI LEGATE DE RELAȚIE

Scrieți fiecare convingere care vă pândește în minte despre relații și puneți-vă întrebarea: "Este cu adevărat adevărată?" Faceți acest lucru cu privire la tot ceea ce gândiți, simțiți și percepeți despre relații.

Dacă sunteți într-o relație, vorbiți cu partenerul dvs. după ce ați terminat acest exercițiu de jurnalizare. Purtați o conversație cu ei (dacă este mai bine să deschideți conversația cu o terță parte, vă sugerez să căutați un consilier pentru a media unele dintre acele părți potențial mai dure**). Deschideți ușa cuștii pentru puțină comuniune. Împărtășiți ceea ce ați crezut, ați perceput și sunteți conștienți, astfel încât să vă poată ajuta să vedeți adevărul, dincolo de propriile filtre. În timp ce faceți acest lucru, fiți deschiși la faptul că ceea ce împărtășiți se bazează pe o minciună care provine din programarea și experiențele voastre de viață din trecut. Căutăm să deschidem un nou nivel de comunicare conștientă în relația voastră, dincolo de ceea ce amândoi ați fost programați să credeți că este adevărat. Adevărata comuniune dincolo de judecată vă va ajuta să vă deschideți cușca și mai mult.

**Această evaluare a relației voastre este pentru ca voi să nu mai trăiți în cușca abuzului. Poate fi mai benefic să vorbiți mai întâi cu cineva, apoi să deschideți ușa conversațiilor potențial mai provocatoare cu partenerul dumneavoastră.

SEXUL ȘI RELAȚIA

O serie întreagă de provocări pot apărea în legătură cu sexul și abuzul, mai ales dacă abuzul pe care l-ați suferit a fost de natură sexuală. Dacă ați fost abuzat, unul dintre lucrurile cheie care s-ar putea întâmpla este că "dispăreți" în timpul sexului. În capitolul doi, am vorbit despre deconectare. Dispariția în timpul actului sexual - mersul la locul nostru sigur sau retragerea mai departe în interiorul cuștii - poate fi adesea declanșată în timpul sexului.

Vi se întâmplă să dispăreți în timpul sexului?

Imaginați-vă acest scenariu și vedeți dacă vi se pare familiar:

Sunteți întins pe spate într-o postură vulnerabilă. Se presupune că ar trebui să fie plăcută, distractivă și plăcută, dar se întâmplă ceva care te declanșează. Poate fi o privire pe care ți-o aruncă partenerul tău sau ceva ce spune sau face și care îți amintește de fapta inițială. Mintea ta se duce instantaneu la abuzul trecut, la amintiri, la reacția de fugă sau de luptă și așa mai departe. Începeți să vă țineți respirația. Te simți mai în siguranță dacă îți părăsești corpul și o faci, lăsând abuzul trecut în viață și conducând din nou spectacolul. Te disociezi și te separi de tine însuți, dar nu spui ce se întâmplă, în mare parte pentru că este probabil similar cu poziția pe care ai adoptat-o atunci când ai fost abuzat inițial. Rămâi acolo, treci prin mișcări, iar gratiile cuștii tale se blochează. Cel mai probabil, nu simțiți nicio plăcere. Dacă o simți, nu este una profund satisfăcătoare. Vă prefaceți sau pretindeți că a fost distractiv. Pe măsură ce se întâmplă acest lucru, este posibil să vă puneți una sau toate aceste întrebări:

- Ce se întâmplă?
- Ce este în neregulă cu mine?
- Mă voi bucura vreodată de sex?"

Voi împărtăși mai jos perspectiva mea cu privire la toate aceste patru întrebări.

Ce se întâmplă?

Ce se întâmplă de fapt în interiorul cuștii abuzului atunci când ești declanșat astfel? Practic, distracția și plăcerea sexului nu pot fi primite pentru că tu și nevoile tale ați devenit invizibile.

Trăiești orice judecată pe care ai făcut-o în timpul abuzului din trecut.
Ați încetat să mai existați. Nevoile tale erau limitări atunci.
Nevoile tale nu contau. Tu nu contai.

Așa că, în timpul sexului, nu îți exprimi nevoile, iar nevoile partenerului tău devin mai importante. Dar cum poate fi sexul distractiv și plăcut dacă tu nici măcar nu ești acolo?

Ce este în Neregulă Cu Mine?

Nu este nimic în neregulă cu tine. Știu că este posibil să fi auzit acest lucru intelectual în atât de multe moduri diferite, mai ales când vine vorba de abuz. Dar această experiență de a dispărea în timpul sexului nu este ceva de care să-ți fie rușine. Eu am făcut asta de multe ori și mii de clienți de-ai mei au făcut-o și ei. Și în aceste zile, am experiențe sexuale foarte plăcute, radical și orgasmic vii. Acest lucru înseamnă că și tu poți.

Cu toate acestea, dacă vă faceți greșeli cu privire la dispariție, vă mențineți blocați în cușcă. Așadar, primul pas dacă acest răspuns automat se declanșează, este să îți acorzi o pauză. Nu este nimic în neregulă cu tine dacă dispari în timpul sexului. Trebuie doar să recunoști ce s-a întâmplat care te-a făcut să dispari, să te deconectezi sau să te disociezi. Va fi ceva ce s-a întâmplat, sau ceva ce partenerul tău a spus sau a făcut, sau un mod în care te-a atins care a declanșat flash-back-ul abuzului. Deci, primul lucru pe care îl puteți face este să recunoașteți și să vorbiți despre asta. Dar cei mai mulți dintre noi ținem gura închisă, cu corpurile noastre frigide și înghețate - ne separăm energetic. Atunci când recunoști ce s-a întâmplat, poți crea o nouă poveste în prezent - nu doar cu tine și cu corpul tău - ci și cu persoana din fața ta (sau deasupra ta sau lângă tine!).

Mă voi Mai Bucura Vreodată de Sex?

Poți începe să te bucuri din nou de sex dacă ești dispus să permiți nevoilor tale să conteze. Acest lucru presupune să te alegi pe tine. De asemenea, îți cere să nu mai fii invizibilă. La rândul său, îți cere să oprești războiul judecăților despre tine. În ultimul capitol, am vorbit despre reconectarea cu centrii plăcerii și despre distracția de a trăi în corpul tău. Aceasta este comuniune pe toate nivelurile experienței corpului tău și nu este exclusivă sexului.

Cum să vă Dați Seama Dacă v-ați Părăsit Corpul în Timpul Sexului?

Dacă vă părăsiți mental sau emoțional corpul sau partenerul în mijlocul actului sexual, ceea ce s-ar fi putut simți bine devine brusc greu, constrâns și dens. Acesta este primul semn că s-a întâmplat ceva care te-a declanșat, făcându-te să te retragi în cușca invizibilă. S-ar putea să observați că vă judecați și aveți gânduri de genul: "Fii prezent. Acesta este partenerul tău. Tu nu simți nimic. Își poate da seama că nu mai ești acolo".

Alternativ, poate fi o auto-judecată cu privire la o anumită parte a corpului care te declanșează în cușcă. Partenerul începe să îți atingă o parte a corpului cu care nu te simți confortabil, cum ar fi șoldurile, iar tu începi un dialog interior cu tine însăți. "Cum poate să mă atingă acolo. Mă simt atât de grasă și neatractivă", iar acum vă simțiți grea și constrânsă de faptul că cineva vă dorește și vă dorește. Pe măsură ce te retragi mai mult în mintea ta, începi să te separi. Și, înainte să vă dați seama, doar treceți prin mișcări și nu mai sunteți prezenți.

Devenirea Mai Prezentă în Timpul Sexului

Ați fost vreodată cu adevărat prezenți în timpul sexului? Dacă da, este posibil să fi observat că este o experiență mult mai plăcută. Și dacă nu ați făcut-o, atunci alegerea este să vă reeducați corpul și pe dvs. astfel încât acest lucru să devină posibil pentru dvs.

Primul lucru pe care trebuie să îl facem este să recunoaștem energia care nu ne permite să fim prezenți sexual. Este un apel de trezire dintr-o realitate somnambulă. Puteți schimba această energie a morții recunoscând-o, chestionând-o, îmbrățișând-o și întruchipând-o. Este ca și cum ai face surf pe un val în ocean. Ați încercat vreodată să vă luptați cu un val în ocean? Ea câștigă. Tu pierzi. Dacă, totuși, surfezi valul înăuntru și în afară, înăuntru și în afară, te distrezi atât de mult și ajungi să călărești valul până la țărm.

În loc să încerci să te repari, sau să te numești o problemă,
sau să ai o problemă care trebuie rezolvată, sau să te judeci
pentru asta,
ce-ar fi dacă ați începe să vă recunoașteți corpul pentru
prezența care este?
Ce-ar fi dacă ți-ai recunoaște corpul chiar acum, în acest
moment?
Puneți-vă mâna pe timus (centrul inimii) și cealaltă pe osul
pubian.

Respirați!
Spuneți: "Bună corp! Bună Corp! Bună Corp!"
Respiră!

Amintiți-vă că facem ceva doar pentru că există un beneficiu în acest sens. Problema este că beneficiul a fost obținut într-un moment, într-un loc, într-o situație și, de obicei, la o vârstă cu mult anterioară celei de astăzi. În esență, decizia este învechită, dar comportamentul este încă actual.

Pentru a depăși vechiul spațiu al check-out-ului, începeți să priviți nevoile corpului vostru ca pe o posibilitate, în loc de o limitare. Limitarea ar fi să vă separați de voi înșivă și să continuați actul, fără să faceți nimic în legătură cu acesta. Posibilitatea ar fi să recunoașteți, în timpul actului, ceea ce se întâmplă. Verificați în interiorul corpului vostru și vedeți cum se comportă. Este dens, greu și constrâns sau ușor, expansiv și liber? Sau este un pic din amândouă? Apoi întrebați-vă de ce are nevoie corpul dumneavoastră pentru a schimba tiparul.

EXERCIȚIU DE JURNAL: CONȘTIENTIZAREA SEXUALĂ

Puneți-vă următoarele întrebări:

Care este beneficiul dispariției mele în timpul sexului?

În ce fel m-a avantajat acest lucru?

M-a ținut în siguranță sau m-a protejat?

Mi-a oferit control la un anumit nivel?

Dacă aș putea cere ceva în acele momente, ce mi-aș dori? Probabil că nu ai îndrăznit niciodată să oprești pe cineva în timpul sexului sau poate că o faci mereu. Oricum ar fi, ați dori să schimbați ceva aici? Și, dacă da, ce?

Trezirea

Asta înseamnă să te trezești la tine. Începerea unei conversații despre faptul dacă dispăreți în timpul sexului, ceea ce vă invit de fapt să faceți este să vă treziți. trezirea include să aruncați o privire la ceea ce alegeți la un anumit nivel - conștient sau inconștient - pentru a vedea dacă funcționează pentru dvs. Prin simplul fapt de a începe un dialog cu tine în legătură cu sexul, vei începe să înțelegi cât de prezent ești de fapt.

Este nevoie de curaj să fii prezent și să te uiți la ceea ce se întâmplă în relația ta sexuală cu partenerul tău de viață, pentru că va însemna că lucrurile sunt susceptibile de a se schimba.

Sunteți mai interesat ca lucrurile să rămână la fel sau sunteți mai interesați să fiți sinceri cu voi înșivă?

A face alegerea de a fi prezent în timpul sexului vă permite să trăiți mai conștient și mai autentic pe o multitudine de niveluri. Atunci când alegeți să fiți conectați în timpul sexului, permiteți actului sexual să fie hrănitor și onorant, în loc să fie deconectat și fără trup. În acest proces, puneți capăt ciclului abuzurilor. Este alegerea a ceea ce este mai bun pentru corpul, sexualitatea și ființa voastră. Și este una dintre cheile de a trăi radical.

Unul dintre lucrurile pe care le spun mereu oamenilor atunci când lucrez cu ei este să se asocieze cu timpul și locul: "Bine, acesta este soțul meu, acesta este partenerul meu, este ora 14:00 sâmbătă. Aceasta este persoana pe care o iubesc, aceasta este persoana cu care am ales să fiu în relație". Apoi întrebați-vă direct corpul: "Corp, ce se întâmplă pentru tine?"

Pe măsură ce vă verificați corpul și începeți să îl ascultați, acesta este un mod de a trece de la moarte la vivacitate radicală, de a trece de la pilotul automat la angajament și de a trece de la suferință la bucurie. Pentru că în acel moment, tot ceea ce se întâmplă este că v-ați separat de soțul sau partenerul vostru. În acel moment, de fapt, vă separați de a primi. Acesta este un tipar - un mod de a fi care vă separă de toate nivelurile de primire, fie că primiți financiar, emoțional, fizic sau sexual.

7

CAPITOLUL SAPTE: BANI ȘI CARIERĂ

Ați observat vreodată că abuzul se manifestă și în banii, cariera și finanțele voastre? Poate fi mai puțin evident decât în corpul și relațiile voastre, dar joacă totuși un rol major. Adesea, modul în care ne prețuim ca urmare a abuzului și nivelul la care ne permitem să primim sunt direct legate. Ne mulțumim să lucrăm pentru un șef sau pentru cineva care nu este amabil. Facem compromisuri în ceea ce privește visele noastre și ne subminăm valoarea în acest proces. Acestea sunt toate forme de abuz de sine. Când ne gândim la abuz, tindem să ne gândim la abuz fizic și abuz sexual. Dar nu doar cei care au suferit abuzuri au adesea o relație tumultoasă cu banii. Este, de asemenea, unul dintre modurile în care ne abuzăm reciproc în relație.

În acest capitol, ne vom concentra pe modul în care este posibil să fi blocat fluxul de bani în viața ta din cauza programării și condiționării. De asemenea, ne vom uita la modul în care este posibil să le fi permis celorlalți să abuzeze de dumneavoastră în jurul banilor și finanțelor.

Abuzurile Legate de Dani

Abuzul de bani este un pic mai dificil de diagnosticat. Adesea nu suntem conștienți de convingerile sau punctele de vedere pe care le avem în legătură cu banii sau de secretul și rușinea pe care le purtăm și care se transformă într-o umbră în jurul modului în care interacționăm cu banii.

Această umbră în jurul banilor este întotdeauna acolo, ascunsă în fundal. Nu știți ce este - pur și simplu vi se pare "ciudat" sau "greșit". Nu sunteți foarte siguri pentru că nu arată ca un abuz, cel puțin nu în modul în care arată abuzul fizic sau sexual.

Programele Tale Financiare

Poate că nu există manipulare mai mare decât controlul și manipularea banilor la locul de muncă, în familii, în biserici, în culte și în religii. Totul este o formă de îndoctrinare. Este o modalitate de a menține ființele radical vii care suntem cu adevărat limitate, constrânse și conținute într-un anumit fel. Acesta este modul în care suntem controlați și învățați să rămânem mici.

Din momentul în care ne naștem, preluăm inconștient tot felul de idei legate de bani. Ni se spune: "Banii sunt rădăcina tuturor relelor" sau "Nu deveni prea mare pentru pantalonii tăi". Suntem adesea programați să nu depășim ceea ce au câștigat familiile noastre. O mare parte din programarea noastră culturală ne spune că mediocritatea este un lucru bun, ceva spre care ar trebui să tindem. Apoi ne desfășurăm viața în conformitate cu aceste programe inconștiente, în timp ce o parte mai adâncă din noi știe că trebuie să existe mai mult decât ceea ce ne-am mulțumit.

La una dintre emisiunile mele de radio, am co-prezentat un program cu mentorul de afaceri de renume mondial, Simone Milasas. Am întrebat-o pe Simone care sunt cele mai mari blocaje pe care le vede la oamenii pe care îi antrenează pentru a avea o relație de afaceri mai plină de bucurie. Ea a subliniat că sursa blocajelor celor mai mulți oameni era incapacitatea lor de a trece peste povestea lor legată de bani.

Ea a povestit cum un prieten de-al ei a experimentat o formă subtilă de abuz în legătură cu banii. Părinții lui obișnuiau să se certe tot timpul spunând: "Nu putem face asta pentru că avem un copil" sau "Nu avem bani acum pentru că avem un copil". El era singurul copil. A crescut toată viața gândindu-se: "Părinții mei nu au niciun ban pentru că m-au născut pe mine" și "Trebuie să repar răul pe care l-am făcut prin faptul că m-am născut".

La momentul emisiunii, el locuia încă cu părinții săi. Lucra și încerca să îi întrețină, în loc să își creeze propria viață. Este un mesaj pe care l-a primit insidios de-a lungul copilăriei sale, iar în prezent încă alege să trăiască această poveste.

Aceste tipuri de modele pe care le învățăm devin o formă de mimică biomimetică. Dacă vă amintiți din capitolul patru, aceasta este atunci când repetăm ceea ce am fost învățați. Continuăm să abuzăm de noi înșine în ceea ce privește banii, repetând condițiile programării noastre timpurii. Suntem învățați să modelăm durerea, deciziile, judecățile, căile și realitățile altcuiva în ceea ce privește banii, fără ca măcar să știm acest lucru, ceea ce ne diminuează efectiv capacitatea de a ne alege propria realitate în această privință.

Ne Abuzăm pe Noi înșine prin Faptul că nu Cerem Bani

Nu doar modelele din trecut se transformă în abuzul nostru în ceea ce privește banii. De asemenea, putem constata că ne abuzăm pe noi înșine prin faptul că nu cerem bani. Un mod în care facem acest lucru este să pretindem că banii nu sunt atât de importanți sau că ne putem descurca fără ei. În alte cazuri, ne este teamă să ne revendicăm propria valoare. Cerem doar o sumă mică de bani în loc să cerem ceea ce merităm.

Universul este acolo cu atât de multe de oferit, iar noi nici măcar nu cerem.

— SIMONE MILASAS

Există o mare diferență între ceea ce ai nevoie pentru a trăi și ceea ce ți-ar trebui pentru a trăi o viață plină de posibilități. Din nou, acest lucru se bazează pe trecutul tău. Poate că ați fost certat pentru că ați cerut ceea ce v-ați dorit sau ați fost învățat să jucați mărunt. Întrebarea este,

- *Încă mai trăiești din această mustrare?*
- *Încă faci pe micul și ceri mai puțin din cauza a ceva ce te-a învățat cineva?*
- *Ce-ar fi dacă, în schimb, ți s-ar permite să ceri bani, și nu doar suficienți pentru a plăti facturile?*

În interviul nostru, Simone a spus: "Cred că avem mult mai multă valoare decât doar plata facturilor. E ca și cum tu ești ceea ce are valoare, nu facturile. Ce-ar fi dacă ai începe să te recunoști și să te prețuiești? Cum ar arăta asta?"

EXERCIȚIU DE JURNAL: CONȘTIENTIZAREA BANILOR

Cine v-a spus că nu puteți "cere mai mult"?

Pe cine imitați ca rezultat?

Cât de mult stres este în viața ta din cauza banilor?

Vă dați seama că aceasta este o formă de autolimitare și de abuz?

În atelierele mele despre bani, pun aceste trei întrebări:

- Cine ești tu?
- Ce ești tu?
- În ce minciună crezi?

Ceea ce am descoperit este că o problemă legată de bani este în general o problemă de "primire". În funcție de ceea ce înseamnă a primi pentru tine, poți proiecta aceste idei asupra banilor (și a altor forme de primire). De exemplu, vă duceți să vă luați o cafea. Vă ocupați de finanțe și simțiți o lipsă și o strâmtorare în jurul a tot, ceea ce vă face să fiți strâmtorați cu banii. Când vă plătiți cafeaua, în loc să lăsați bacșișul de 1 $ pe care îl lăsați de obicei, alegeți să nu lăsați bacșiș pentru că sunteți îngrijorat de bani. Aceasta este o ocazie pentru un moment de creștere posttraumatică în care să te oprești și să te întrebi: "Cine sunt eu?" (mama mea), "Ce sunt eu?" (penibil) și "Ce minciună cred? (sunt într-o situație dificilă, așa că nu vă pot da un sfat). Odată ce recunoști că aceasta este o minciună, te simți liber să dai bacșișul pentru a rupe ciclul.

STRES ȘI DISCONFORT ÎN JURUL BANILOR

Dacă datoria de pe cardul de credit și modul în care folosiți banii vă creează stres, atunci conștientizați acest lucru și îmbrățișați-l. Majoritatea oamenilor nu vor să se uite la problemele lor legate de bani sau la conturile lor bancare. Ei nu vor să știe cât de mult trebuie să genereze și să creeze în fiecare lună. Ei vor doar să rămână în acea roată de hamster. Se blochează în convingerea că: "Dacă fac atât de mult, voi fi bine". Cu toate acestea, pentru ca ceva să se schimbe, trebuie să te simți inconfortabil și să privești fiecare aspect al problemei. Dacă devii conștient de tot ceea ce ține de bani, îți poți permite să generezi și să creezi mult peste nivelul tău actual de confort.

Banii există de mult timp. Chiar și atunci când obișnuiam să schimbăm ouă pentru porci, așa cum făceam în sistemul de troc, aceasta era tot o formă de bani. Ți-ai creat o serie de puncte de vedere fixe în jurul ei, așa că fii blând cu tine însuți. Dar nu abuza nici de tine. Fii dispus ca schimbarea să aibă loc, dar dacă nu se schimbă peste noapte, nu te judeca și nu abuza de tine pentru asta.

ÎNTREBĂRI DE JURNAL: CUM VORBIȚI DESPRE BANI?

Ce se întâmplă atunci când vorbești despre a cere să apară mai mulți bani? Aveți dorința de a-i primi?

Simți această conversație ușoară sau grea în corpul tău?

Ce se întâmplă cu energia voastră atunci când spuneți că nu-mi pot permite asta sau că nu pot merge? Corpul tău se simte ușor sau greu?

Ce creați în jurul banilor prin cuvintele și limbajul pe care le folosiți?

De fapt, este vorba despre alegerea de a te trezi și de a înceta să te mai abuzezi pe toate planurile, inclusiv cu banii. Oamenii îmi spun adesea: "Nu este atât de ușor să nu te mai abuzezi". De fapt, este. Este ușor dacă vă amintiți că totul este o alegere și alegeți să vă treziți la ceea ce faceți. De fapt, puteți alege să o schimbați observând ce se întâmplă în interior și, în acel moment, făcând o pauză pentru a vă pune acest tip de întrebări:

- Este aceasta lumină?
- Mă simt bine?
- Mă distruge sau mă abuzează?
- Mă hrănește?
- Creează acest lucru viitorul pe care mi-l doresc?

INTIMITATEA BANILOR

Cât de intim ești cu banii tăi? Cu alte cuvinte, cât de multe știi despre bani și te prefaci că nu știi sau negi că știi? Atunci când ne permitem să știm ceea ce știm cu adevărat despre bani, în loc să operăm pe baza a ceea ce am fost învățați sau am învățat, se poate deschide un flux uimitor de abundență în viața noastră și în traiul nostru. În cușca abuzului, însă, sunteți blocați în puncte de vedere fixe, limitări și convingeri precum: "Sunt marfă deteriorată și sunt defect sau există o limită a ceea ce pot primi". Aceste idei învățate și sisteme de convingeri transformă banii în ceva care are o superputere asupra ta și căruia îi permiți să te devalorizeze și să te degradeze.

Este important să rețineți că conștiința noastră este un vast colectiv de energie și informații stocate de la începutul timpurilor. Culturi întregi, familii și indivizi pot deține convingeri limitative cu privire la bani și la a primi încă din epoca romană. Îți cunoști istoria ancestrală și opiniile despre bani? Conștiința noastră poate purta devalorizarea și degradarea acelor sisteme timpurii. Înțelegerea acestui lucru vă poate face să vă întrebați dacă ceea ce credeți este de fapt al vostru.

Bani "Murdari

Relația noastră cu banii duce adesea la prostituarea noastră. Nu mă refer la a ne vinde corpul pentru sex. Mă refer la a face o muncă pe care nu vrem să o facem în schimbul banilor. Mulți oameni se trezesc că au o slujbă sau o carieră care nu le place sau pe care părinții lor au vrut să o urmeze pentru că banii sunt mai buni decât să fii un "artist care moare de foame". Întrebarea este dacă munca ta te împlinește? Sau vă simțiți epuizați la sfârșitul unei zile?

De asemenea, avem un punct de vedere cu privire la proveniența banilor și la tipurile de bani pe care le acceptăm sau nu în viața noastră. Acest lucru poate crea o "neinvitație" zilnică a banilor.

Bani prăfuiți, bani drogați, bani răi, bani buni, bani curați, toate se învârt

în jurul ideii că te murdărești cu banii. Ne judecăm pentru anumite lucruri în jurul a ceea ce este acceptabil să facem pentru bani și ceea ce nu este acceptabil, de asemenea.

— *KASS THOMAS*

EXERCIȚIU DE JURNAL: AFIRMAREA BANILOR

Oriunde am "neinvitat" bani astăzi, revoc acest lucru și îi primesc acum! Vă mulțumesc! Sunt recunoscător și împlinit!

Oriunde am "dezinvitat" primirea astăzi, revoc acest lucru și o primesc acum! Vă mulțumesc! Sunt recunoscător și împlinit!

Oriunde am "dezinvitat" să fiu eu astăzi, revoc acest lucru și îl primesc acum! Vă mulțumesc! Sunt recunoscător și împlinit!

Toate acestea contribuie la umbra pe care o avem în jurul banilor, care ne ține închiși în cușca noastră invizibilă. Atunci când nu permitem banilor să fie monedă de schimb și să circule fluent în viața noastră, tindem să cădem în comportamentele celor 4D - negarea, apărarea, disocierea, deconectarea - iar acest lucru, apoi, ne creează "realitatea financiară".

Pe scurt, există diverse moduri subtile și evidente prin care abuzăm de noi înșine cu banii. Punem limite la ceea ce credem că putem primi, pe baza experiențelor și programării noastre. Uneori ne devalorizăm pentru că am fost devalorizați în situații abuzive. Pentru a deveni intimi cu banii, trebuie să recunoaștem ce ne aparține și ce cumpărăm care aparține altor persoane. Devenim conștienți de faptul că ceea ce am crezut că este adevărat în legătură cu banii este de fapt o minciună pe care am crezut-o - și în tot acest timp am creat exact opusul a ceea ce ne dorim cu adevărat. Deoarece banii sunt adesea un domeniu în care ne izolăm conștiința, avem mult de câștigat explorând relația noastră cu ei. Apoi se poate face o alegere diferită.

PARTEA A TREIA: EVADAREA DIN CUȘCĂ

DINCOLO DE ABUZ ȘI TRĂIND RADICAL ÎN VIAȚĂ

8

CAPITOLUL OPT: ÎMPRIETENIREA CU CUȘCA ABUZULUI

când vorbesc despre a te împrieteni cu cușca abuzului, mă refer la a te conecta cu tine însuți dintr-un loc dincolo de nebunia care a creat cușca în primul rând. A te împrieteni cu cușca abuzului înseamnă a te conecta cu libertatea, bucuria și posibilitatea care există independent de cușcă. Nu trebuie să primiți nimic înapoi pentru a ieși din cușcă - și acesta este punctul în care abordarea mea diferă radical de ceea ce ați putut experimenta înainte. În schimb, veți învăța cum să alegeți de dincolo de ceea ce s-a întâmplat.

Puteți învăța cum să faceți alegeri dincolo de a continua perpetrarea. Veți descoperi cum să trăiți fără a face ca ceea ce vi s-a întâmplat (fie că a fost un singur act sau o serie de evenimente) să vă conducă întreaga viață. În ceea ce mă privește, am ales să nu permit abuzului pe care l-am suferit să mă definească. Este un proces continuu în care aleg în mod activ cum să apar în fiecare moment și care diferă foarte mult de modelul de terapie. Acest lucru este în contrast puternic cu credința că ceva este stricat și trebuie reparat, iar atunci când este reparat, totul va fi bine din nou. Am avut o experiență la vârsta de trei ani când, în timpul unui abuz oribil, conștiința mea mi-a părăsit corpul și am privit violența și violul care se produceau asupra micului meu corp dulce. Îmi amintesc că am decis că, indiferent de ceea ce "ei" au făcut corpului meu, nu m-au prins niciodată și nu mi-au putut lua niciodată alegerea de a fi EU. Puteți alege chiar și acum - la fel ca mine atunci - chiar dacă vă luptați cu durerea sau cu negativismul. Ființa care sunteți nu poate fi niciodată, niciodată, distrusă. Te poți simți distrus, dar nu poți fi niciodată, cu adevărat, distrus.

Există un lucru pe care îl știu: fiecare dintre noi are o poveste.

Fiecare dintre noi colecționează lovituri, vânătăi și chiar mai rău de-a lungul drumului.

De asemenea, cred că indiferent de nedreptățile, abuzurile, traumele sau eșecurile pe care le suportăm,

nu suntem NICIODATĂ distruși. Fericirea este pentru toată lumea.

Bijuterie

Ceea ce am descoperit în sprijinirea a mii de oameni din întreaga lume pentru a depăși abuzul este că nu ieșim din cușcă printr-o soluție rapidă. Mai întâi trebuie să ne creștem gradul de conștientizare - încadrăm cușca - la fel cum facem acum. "Oh, asta este", este ceva ce aud adesea oamenii spunând. Dăm cuvinte unui sentiment care a fost simțit, dar nu este niciodată recunoscut și, de obicei, rămâne fără nume. Spun adesea că este ca și cum ar fi existat un elefant care se căca în cameră tot timpul, dar toată lumea îl ocolea în tăcere. Nu-l mai ignorăm. Miroase urât și ne confruntăm cu el.

În restul acestei cărți ne vom adânci în conștientizarea cuștii invizibile. De asemenea, vă voi împărtăși instrumente și procese care nu numai că vă sporesc gradul de conștientizare, dar vă ajută să alegeți și dincolo de cușcă.

CONȘTIENTIZARE

După cum ați citit de-a lungul cărții, unul dintre principalele instrumente pe care vă sugerez să le folosiți pentru a trăi dincolo de cușcă este conștientizarea. Acest lucru înseamnă să fii conștient când operezi din interiorul cuștii și să observi de îndată ce cușca a fost declanșată. Unul dintre participanții la emisiunea mea radio m-a întrebat: "Care este diferența dintre a fi conștient și a fi alert?" Este o întrebare importantă.

Probabil că sunteți foarte familiarizați cu a fi alert. Atunci când sunteți atenți, acționați dintr-o stare de hipervigilență din interiorul cuștii. Aceasta este o stare în care așteptați ca altcineva să vă tragă pe sfoară. Este ca și cum ai trăi în alertă roșie.

Conștientizarea este diferită. Atunci când ești conștient, ești conectat la o conștiință universală și infinită. Nu vă aliniați și nu sunteți de acord cu nimic - și nu rezistați și nu respingeți nimic. Cu alte cuvinte, nu vă simțiți atașați de punctul vostru de vedere sau nevoiți să îl apărați. Pur și simplu îl observați. Deveniți un observator sau un martor și alegeți să răspundeți în cel mai înalt și mai bun mod pentru dumneavoastră.

EXERCIȚIU DE JURNAL: UȘOR ȘI GREU

Pentru a face alegeri din conștientizare, puteți începe să determinați ce simțiți ușor sau greu pentru voi. Ceea ce se simte ușor este ceea ce vă doriți sau ceea ce este adevărat pentru voi, iar ceea ce se simte greu este ceea ce nu funcționează pentru voi sau este o minciună pentru voi.*

Gândiți-vă la ceva ce v-ați dorit și pe care acum îl aveți. Cum te-ai simțit când l-ai primit?

Acum gândiți-vă la o situație pe care ați dori să o schimbați. Când o aduci în minte, cum se simte în corpul tău?

Faceți un inventar al persoanelor și activităților din viața dumneavoastră și observați cum vă simțiți când vă gândiți la ele.

Probabil cunoști colțurile cuștii mult mai bine decât cunoști libertatea și posibilitatea.

- Ce-ar fi dacă ai alege conștientizarea în fiecare moment?
- Cât de diferită ar fi lumea ta?
- Ce s-ar întâmpla dacă, în loc să te amorțești sau să te deconectezi, ai alege să devii cu adevărat conștient de ceea ce se întâmplă?

- Ce este libertatea pentru tine?
- Cum veți ști când sunteți liberi?

Mai există un factor important, pe măsură ce vă creșteți gradul de conștientizare, și anume, atunci când examinați cușca, faceți acest lucru dintr-un loc de non-judecată. Țineți minte că limitarea și lipsa din care a fost creată cușca erau reale în momentul în care s-au produs. De atunci, ați crezut în ele, pentru că era singurul lucru pe care știați cum să-l faceți. Acum descoperiți că aveți de ales și că puteți alege și vă puteți crea viața din această nouă conștiință.

EXERCIȚIU DE JURNAL: SĂ VĂ CUNOAȘTEȚI CUȘCA

Observați când vă aflați în cușcă, fără a vă pierde în forma sau structura acesteia, și puneți-vă următoarele întrebări fără a "căuta" un răspuns. Fiți doar deschis să primiți unul.

Este acest lucru hrănitor pentru mine?

Ce ar trebui să fac pentru a schimba acest lucru?

Ce pot să fiu, să fac, să am, să generez sau să creez astăzi pentru a schimba acest lucru imediat?

Apoi, începeți să intrați în dialog cu cușca: "Știu că încerci să mă protejezi. Ai făcut cel mai bun lucru pe care l-ai fi putut face la momentul respectiv. Ești aliatul meu și încerci să mă ajuți".

Întrebați-vă: "Este distractiv pentru mine? Ce pot fi, face, avea, genera sau crea care să fie distractiv pentru mine?" Apoi fă-o! Alegerea și libertatea devin acum realitatea voastră.

Nu uitați, acesta este un proces continuu, și nu un exercițiu unic. Este probabil să vi se ceară să repetați acest lucru de mai multe ori. Ceea ce aveți nevoie într-un moment pentru a trăi dincolo de cușcă ar putea fi total diferit în alt moment. Pe măsură ce începeți să o descompuneți, diferite aspecte ale cuștii vor apărea. Cheia este atât să acordați atenție momentului în care vă aflați în interiorul cuștii, cât și să faceți apoi o alegere diferită care să vă permită să trăiți dincolo de ea.

A CUNOAȘTE, A FI ȘI A PERCEPE

La emisiunea mea radio am avut mai mulți apelanți care m-au întrebat cum să "lupte pentru a ieși" din cușca abuzului. Convingerea că trebuie să luptați pentru a ieși din cușcă este generată de energia experienței originale la care încă vă acordați. Nimeni nu va ieși din cușca abuzului prin luptă. Acest lucru nu va face decât să creeze mai mult din același lucru. În schimb, este vorba despre a fi, a cunoaște și a percepe ceva diferit. Este vorba despre a trece dincolo de sistemele de credințe care v-au fost impuse și care nu v-au aparținut niciodată cu adevărat. Da, este posibil să vi le fi asumat inconștient ca fiind ale voastre, dar dacă nu le alegeți, nu sunt cu adevărat ale voastre. Atunci când încerci să lupți pentru a ieși din cușcă, operezi din aceeași energie distructivă din care a fost creată. Și nu ești un prieten al tău atunci când faci asta.

De asemenea, am auzit clienți spunând: "Se pare că nu pot să ajung la fundul cuștii". Vreau să fie clar că, deși folosim metafora unei cuști și este posibil să o vizualizați ca pe ceva tridimensional, cușca nu are fund. A o vedea ca pe ceva ce trebuie "să ajungeți la fund" este o concluzie care vă va ține închiși în ea. Dacă pui formă, structură și semnificație în jurul cuștii, vei continua să creezi și mai mult din ea. Dacă vedeți lucrurile în acest fel, operați din vechea paradigmă conform căreia trebuie să reparați ceva sau să ajungeți la esența a ceva pentru a vă vindeca.

Chiar dacă simțiți durere când începeți să treceți dincolo de cușcă, dacă rămâneți conștienți, veți descoperi probabil că sub durere se ascunde bucurie. S-ar putea să plângi cu lacrimi, dar lacrimile pe care le eliberezi sunt topirea gratiilor din jurul tău. Alegerea creează libertatea de moment despre care ați știut întotdeauna că există.

Pe scurt, am numit ceea ce probabil v-a ținut captivi în tăcere ani sau chiar decenii. Este probabil ca întreaga voastră percepție să înceapă să se schimbe, pe măsură ce începeți să observați tiparele și programele despre care înainte ați presupus că sunt "voi", iar acum realizați că sunt de fapt un produs al cuștii. Vom continua să explorăm cușca invizibilă pe parcursul acestei cărți, împreună cu mai multe modalități prin care puteți trece dincolo de ea.

9

CAPITOLUL NOUĂ: O CONVERSAȚIE REVOLUȚIONARĂ DESPRE SPERANȚĂ

Dacă ați trăit cu abuzuri, atunci este posibil să fiți obișnuiți să trăiți fără speranță. Dorința mea este să aduc un mesaj revoluționar de speranță tuturor celor care au suferit abuzuri, astfel încât să poată trece peste ceea ce au trăit. În munca mea, am descoperit că există mulți oameni în lume care cer, în adâncul lor, o nouă conversație a posibilităților.

Fac apel la o schimbare radicală în modul în care lumea vede, percepe și trăiește abuzul. Nu iau acest rol cu ușurință. Cred cu adevărat că cantitatea de abuzuri fizice, emoționale și sexuale pe care le-am experimentat personal în această viață a fost pentru mine o poartă de acces pentru a ajuta la eliminarea abuzurilor.

Așadar, în acest capitol, aș dori să încep această conversație revoluționară a speranței care duce la o paradigmă cu totul nouă de transformare a abuzului, atât în interiorul vostru, cât și în lumea întreagă.

Dincolo De Orice

De-a lungul timpului, am dezvoltat o serie de programe în acest scop, inclusiv Live Your ROAR - "Realitatea ta Radically Orgasmically Alive". Conceptul cheie aici este ideea de "dincolo de orice". Ceea ce vreau să spun prin aceasta este că ne putem mișca dincolo de parametrii a orice a fost definit înainte.

Haideți să aruncăm o privire asupra câtorva dintre preceptele implicate în Trăiți-vă ROAR-ul - și ce înseamnă de fapt "dincolo de orice" moment cu moment:

- Recunoașterea cuștii în care ai trăit și care te-a ținut până acum în povestea fără sfârșit a abuzului, dizabilității și limitării
- Recunoașterea faptului că ai capacitatea de a crea o nouă realitate și alegerea de a renunța la structurile și minciunile care te-au ținut până acum în cușcă
- Având dorința de a crea o schimbare revoluționară în viața ta pentru a trăi radical dincolo de cușca abuzului

- Luarea deciziilor care ți se par ușoare și corecte (chiar dacă alți oameni te judecă pentru asta)
- Crearea unei vieți fără limite pentru tine, plină de posibilități și plăcere
- Prezentându-te pentru a-ți trăi viața pe deplin treaz, conștient și prezent
- Alegându-te pe tine în fiecare moment și creându-ți viața pe baza a ceea ce este distractiv și hrănitor pentru tine

Această muncă necesită un angajament profund față de tine însuți, un fel de ferocitate, dacă vrei, în sensul ei cel mai pozitiv. Înseamnă să-ți aduci la suprafață prezența cea mai puternică.

"Dincolo de orice" înseamnă să te alegi indiferent cine pleacă, ce moare, ce se termină, la ce relație renunți, în ce afacere sau carieră te schimbi și cine sau ce renunță la tine".

Atunci când pășești în acest proces de descoperire și recuperare a ta, viața se va schimba așa cum o știi tu. Pentru unul dintre clienții mei, a trăi "dincolo de orice" a însemnat să ia decizii în carieră care au dus-o de la 20.000 de dolari anual, când am început să lucrăm împreună, la 244.000 de dolari pe parcursul mai multor ani. În cuvintele ei, procesul a fost provocator, dar rezultatele au făcut-o să meargă mai departe.

Munca mea mă poartă peste tot în lume, dar fie că sunt acasă sau pe drum, lucrez mereu în mod constant la propria mea conștiință și conștientizare folosind toate instrumentele pe care le am la dispoziție. Atunci când îi facilitez pe alții în creșterea personală, precum și în transformarea profesională, fac simultan același lucru pentru mine. Mi-ar plăcea să vă spun că totul vine cu ușurință 100% din timp, dar de fapt nu ar fi adevărat. Totul a fost presărat cu multă durere fizică și cu traume vechi care au izbucnit în propriul meu corp. Am ajuns să înțeleg că, în viața mea, am ajuns dincolo de tot ceea ce am atins vreodată înainte și dincolo de propriile mele puncte de referință. Și, deși poate fi inconfortabil și intens, este o alegere de a recunoaște orice bariere, intensitate și durere care apar. Este o alegere de a renunța la limitările prin care ne-am definit pe noi înșine și viața noastră. Alegerea este întotdeauna acolo pentru noi:

- Voi alege ușurința și bucuria dincolo de orice?
- Voi alege energia, spațiul și conștiința unei noi posibilități pentru mine?
- Voi alege dincolo de greutate și durere, suferință, traumă, dramă și luptă?
- Ce se simte expansiv și distractiv pentru tine?

- Ce ți se pare greu și amenințător?
- Care este beneficiul de a te simți greu și amenințător?

Corpul tău are capacitatea de a-ți spune aceste lucruri, dar dacă nu ești obișnuit să te consulți cu el, s-ar putea să ți se pară străin. Cu cât exersați mai mult acest tip de conștientizare, cu atât va deveni mai ușor și mai confortabil.

EXERCIȚIU DE JURNAL: ALEGERI NOI

Care este o alegere pe care ați putea să o faceți chiar acum și pe care v-ați abținut să o faceți și care v-ar putea duce la ușurință și bucurie? Cum ar arăta această nouă posibilitate pentru tine?

UN STUDIU DE CAZ - CLIVE

Clive a participat la atelierul meu de o zi Radically Alive Beyond Abuse din Australia. Avea în jur de 60 de ani și nu vorbise niciodată despre abuzurile sale sexuale. Fusese violat și sodomizat de bunicul său timp de 10 ani, din adolescență până la vârsta de 20 de ani, și ținuse totul secret. Nu a mai vorbit despre asta decât cu o singură persoană înainte de a intra în atelierul meu din Australia. Nu făcuse niciodată niciun fel de terapie.

Când l-am facilitat pe Clive, întreaga sesiune a durat aproximativ 45 de minute și s-a desfășurat în fața întregii clase. El a spus la începutul zilei: "Nu sunt foarte sigur de ce sunt aici. Nu sunt sigur ce voi obține de aici, dar am știut că trebuie să vin". De îndată ce a spus asta, am știut că, dacă îmi va permite să îl ajut, schimbarea va fi instantanee.

A fost una dintre acele experiențe în care pur și simplu ne trimiteam întrebări și răspunsuri ca într-un meci de ping-pong. Era ca și cum ceva în el îi spunea: "Te rog, scoate asta din corpul meu. Lasă-mă să vorbesc despre asta. Nu mai vreau asta".

Prin întrebări, răspunsuri, utilizarea instrumentelor și tehnicilor, precum și prin educația și formarea mea în ceea ce privește traumele și abuzurile, am reușit să îl ajut pe Clive să ajungă într-un spațiu al ființei în sine care era dincolo de cuvinte. La sfârșitul ședinței, arăta ca un băiețel frumos și inocent care tocmai se debarasase de eoni și vieți de durere, traumă, greutate și greutate din cei 10 ani în care fusese violat și sodomizat. Când mă gândesc la acea ședință, îmi amintesc de frumusețea ei și nu de durerea ei. În mai puțin de 45 de minute, ceva ce cineva purta în corp de zeci de ani a fost eliberat.

Atunci când suntem deschiși să renunțăm, cu instrumentele potrivite și facilitarea potrivită, ne putem schimba enorm într-un interval scurt de timp. Disperarea, pe de altă parte, te închide în cușca abuzului. Clive s-a prezentat la un curs fără să știe nimic despre el, dar știind că vrea să treacă dincolo de abuz, și și-a făcut un cadou în acest proces. Mi-a spus că acum experimentează libertate și spațiu dincolo de orice și-ar fi imaginat vreodată.

RECEPȚIA

O viață dincolo de abuzuri înseamnă să îți permiți să primești mai mult, iar eu primesc multe întrebări despre cum să faci asta. Iată răspunsul meu: Este ca mersul pe bicicletă sau ca mersul la sală. Este un mușchi pe care trebuie să îl tot întinzi. Este o experiență pentru care s-ar putea să aveți nevoie de niște roți de antrenament la început. Sunt unele lucruri pe care le primesc foarte bine acum, dar a trebuit să învăț practicând primirea.

Ideea de a primi devine distorsionată prin ochii cuiva care este abuzat. În cazul meu, ceea ce credeam eu că primesc era de fapt cineva care mă judeca sau îmi spunea "dispari". Ceea ce credeam că primesc era dacă cineva mă denigra până la punctul de a mă face prost sau unele dintre poreclele degradante pe care le primeam din partea familiei mele. Ceea ce credeam eu că primesc era să fiu violată sau agresată sexual sau să mi se spună în fel şi chip că sunt grea. Asta a însemnat primirea pentru mine. Şi pentru mult timp, pe asta mi-am bazat realitatea. Aşadar, cum înveţi să primeşti atunci când percepţiile tale în această privinţă au fost distorsionate?

Dacă Este Lumină, Este Bine

Există o regulă de aur pentru a primi:

Dacă este lumină, este bine.

Dacă corpul tău simte orice fel de intensitate, greutate, densitate sau constricţie, dacă boceşti sau te disociezi sau vrei să te îndepărtezi de persoana respectivă, se întâmplă ceva care nu este receptare. De exemplu, cineva ar putea încerca să vă impună ceva ce nu doriţi. Aveţi posibilitatea să alegeţi în acel moment să primiţi ceea ce este uşor şi potrivit pentru voi. Orice este greu şi dens, pune-i capăt. Aceasta este prima şi cea mai importantă acţiune de primire.

Întinde-te Pentru a Primi Mai Mult

A doua lecţie despre primire este să te deschizi dincolo de limitele tale percepute de primire. Imaginează-ţi că te întinzi pentru a primi iubire şi grijă în fiecare muşchi, ligament, celulă, tendon, organ şi sistem al corpului tău - chiar dacă auzi o voce veche şi familiară care îți spune că nu meriți asta sau că nu este pentru tine. Este o practică pentru a continua să primiți mai mult. Este total diferit de vechile tipare energetice precum nevoia și a lua de la alții. Pentru mine, este vorba adesea despre a avea încredere că primirea nu se va întoarce împotriva mea, așa cum s-a întâmplat de atâtea ori în trecut. Atunci când există traume în istoria noastră, s-ar putea să avem puțin de lucru în plus pentru a primi iubirea care este acolo pentru noi, dar merită. Primirea este un dar pe care tu și corpul tău îl meritați.

Dacă nu sunteți în prezent într-o relație, puteți exersa primirea cu alte lucruri, cum ar fi banii, mâncarea, exercițiile fizice sau propriul corp. Există atât de multe moduri în care ne putem întinde în a primi:

- Mergând la o plimbare
- Să vă luați o zi liberă pentru a avea grijă de dumneavoastră
- Să vă faceți un masaj
- Să cumpărați ceva pentru care aveți bani, dar v-ați refuzat
- Pregătirea unei mese sănătoase pentru tine
- Să începeți un hobby de care ați fost interesat

Toate aceste lucruri sunt moduri de a primi. Și, la fel ca

în cazul tuturor practicilor din această carte, nu este un efort de o singură dată.

- Cum puteți primi mai mult în fiecare zi?
- Și cum vă puteți deschide în acest moment pentru a primi pe deplin darurile care vă sunt disponibile?
- Ce-ar fi dacă, doar pentru astăzi, ai renunța la cușcă și ai scăpa de porcul spinos invizibil?
- Ce-ar fi dacă, doar pentru astăzi, v-ați deschide pentru ca Universul să vă arate ceva minunat?

Pe scurt, ne deschidem către un nou mod de a trece dincolo de abuz și de a începe o conversație nouă și revoluționară de speranță pentru transformare. În acest capitol am început să abordăm această conversație, iar în capitolele care urmează veți afla mai multe instrumente practice care să vă permită să treceți de la o simplă conversație la ceva ce puteți actualiza în viața dumneavoastră.

10
———

CAPITOLUL ZECE: INSTRUMENTE
ALE SCHIMBĂRII

Eliberarea ta din cușca invizibilă a abuzului este un proces. Nu este un act de o singură dată sau un eveniment de genul "un singur truc o face", oricât de mult ne-ar plăcea să credem asta. Unele terapii sugerează că acesta este cazul, dar acesta este un mit al vindecării care ne-a fost vândut. Mulți dintre noi am așteptat acel moment. Din experiența mea, nu funcționează așa. S-ar putea să faceți un pas afară și să vă retrageți înapoi în cușcă. Așadar, înainte de a continua, vreau să mă asigur că eliminați orice greșeală din voi cu privire la călătoria voastră perso-nală de vindecare. Dacă vă puteți permite să vă retra-geți înapoi în cușcă și nu operați dintr-un loc de judecată dacă o faceți, întreaga călătorie va fi mult mai iertătoare.

GĂSIREA UNUI LIMBAJ PENTRU ABUZ

Am descoperit că una dintre modalitățile de a începe să treceți dincolo de cușca abuzului este să vă angajați într-o conversație care să vă permită să treceți dincolo de rușinea a ceea ce s-a întâmplat. Există un termen în psihologie numit "alexitimie". Este incapacitatea de a identifica cuvintele și sentimentele care au legătură cu experiența dumneavoastră de abuz. De câte ori v-ați dat seama că atunci când ați deschis gura pentru a vorbi despre asta, cuvintele nu au ieșit? Aceasta este partea din tine care nu a fost capabilă să își exprime și să își articuleze experiența - o voce care te poate ghida să ieși din cușcă.

CELE 3 ETAPE ALE ALEGERII

De ceva timp, probabil că ați continuat cu povestea abuzului. Următoarea etapă este să observați că sunteți de acord cu povestea abuzului. Următoarea etapă este să nu vă mai definiți prin această poveste. Procesul va arăta cam așa:

1. Nu am știut că există o altă alegere.
2. Am realizat că există o altă alegere, dar nu am știut cum să o iau.

3. Am văzut că există o altă alegere și am luat
   măsuri în acest sens.

Al treilea pas este cel pe care ne concentrăm în această carte. Este cel în care ieșim din cușcă și intrăm într-o disponibilitate radicală.

TRECEREA ÎNAINTEA ABUZULUI

Unul dintre elementele-cheie în vindecarea abuzului este să vă amintiți cum erați înainte ca abuzul să aibă loc, ceea ce poate implica atât memoria, cât și imaginația. Spun ambele pentru că, în funcție de vârsta la care a avut loc abuzul, este posibil să aveți amintiri clare despre cum erați în viață. Uneori, însă, oamenii trebuie să își folosească imaginația pentru a-și imagina cine au fost. Odată ce reușiți să faceți acest lucru, puteți începe să fixați în corpul vostru noi amintiri despre cum se simt siguranța și iubirea.

În atelierele mele, îi pun pe oameni să se întoarcă într-un spațiu și într-un timp dinaintea abuzului și să comunice cu moleculele corpului lor din acel loc. Acest lucru înseamnă să vă amintiți la nivel molecular de ființa cu adevărat magnifică care erați înainte ca abuzul să aibă loc. Vreau să vă duc înainte să fiți violați și înainte ca cușca să se instaleze și să începeți să trăiți din interiorul viziunii sale distorsionate asupra realității. Este locul dinainte ca negarea, apărarea, disocierea și deconectarea să fie combustibilul corpului tău. Este locul de dinainte ca voi să acționați din sistemele voastre automate de răspuns și din alerta roșie.

Adevărul este că există o perfecțiune a ta care există în afara viziunii tale actuale despre tine. Nu mă refer la tipul de perfecțiune în care faci totul cum trebuie. Vorbesc despre tipul de perfecțiune în care te vezi dincolo de defectele tale percepute. Vorbesc despre a trăi dintr-un loc al unității, spre deosebire de un loc al separării. Vorbesc despre faptul că apari în lume știind că universul te sprijină. Chiar dacă spui că nu ai avut niciodată parte de asta, îți voi cere să te întinzi dincolo de gândul "Nu pot" sau "Nu vreau" sau "Se întâmplă tuturor celorlalți și nu mie".

În capitolul patru, am discutat despre mimetismul biomimetic și despre toate modurile în care este posibil să fi preluat durerea altor persoane ca fiind a ta. Până acum, aceasta a fost ca o bulă în jurul tău. Adevărata comuniune este o întoarcere la un loc și la un timp în corpul vostru care vă amintește dincolo de această bulă. Își amintește cum se simt iubirea, acceptarea, odihna, hrănirea, siguranța și conectarea. Este un spațiu dinamic în corpul vostru care vibrează și pulsează - dansează - cu unitate, libertate, spațiu și conștiință.

Permiteți-vă să aveți încredere în bucurie și să o îmbrățișați.

Veți descoperi că dansați cu totul.

— *RALPH WALDO EMERSON*

Este a cunoaște, a fi, a percepe și a primi ființa uimitoare care sunteți cu adevărat. Este o cunoaștere profundă a faptului că nu este nimic în neregulă cu tine și nu a fost niciodată. Singurul lucru cu adevărat greșit este că ați trăit într-o poveste de încarcerare, durere și traumă, care v-a încapsulat efectiv într-o cușcă invizibilă de abuz. Ceea ce este greșit este deconectarea ta de la frumosul tu care își amintește și trăiește din adevărata ta natură esențială.

STUDIU DE CAZ - EMMA

Când am lucrat cu Emma, am întrebat-o cum era corpul ei înainte de abuz. Ea l-a descris ca fiind liber, jucăuș și imaginativ. Își amintea cât de creativă și puternică fusese în acea perioadă. Când era copil, simțea că are magie la îndemână și că poate face orice visează din acel loc. Era prezentă o inocență copi-lărească.

Pe măsură ce pătrundea mai mult în acest spațiu la nivel molecular, simțea că poate alerga liberă. Își amintea că nu avea nicio grijă pe lume. Putea genera și crea orice își dorea. A simțit toate acestea ca pe o experiență reală, iar acest lucru a determinat o schimbare corespunzătoare în relația sa cu corpul său.

Un punct cheie de înțeles este că moleculele cu care comunicați existau înainte de abuz. Ele nu au dispărut niciodată și nu au fost niciodată luate. Când nu înțelegem acest lucru, ne gândim că trebuie să găsim ceva ce am pierdut. Nimic nu a fost pierdut. Doar că ele au fost ascunse sub povestea abuzului și sub tot ceea ce ați decis ca urmare a acelui abuz - inclusiv ideile despre cum să treceți peste el, să-l vindecați și să-l schimbați.

EXERCIȚIU ENERGETIC: COMUNIUNE CU MOLECULELE

Permiteți-vă să vă întoarceți la cel puțin un moment în care corpul vostru a trăit în spațiul odihnei, al îngrijirii, al siguranței, al iubirii și al acceptării. Este spațiul adevăratei comuniuni, în care știți că universul vă susține și dorește întotdeauna să vă iubească, să vă sprijine și să vă dăruiască.

Numiți cu voce tare un moment, o vârstă și un loc înainte ca abuzul să aibă loc. Pentru a ajunge la spațiul comuniunii înainte și dincolo de abuz, trebuie să vă întindeți în posibilitatea că a existat un spațiu înainte ca acesta să se producă.

Permiteți corpului dvs. să se extindă în mai mult din acel sentiment. După aceea, mergeți să faceți o activitate care să corespundă acelui sentiment. Ar putea fi la fel de simplu ca: să faceți o baie fierbinte, să aprindeți o lumânare, să ascultați o piesă muzicală, să vă plimbați în natură sau să vă jucați cu animalul dumneavoastră de companie.

Vă recomand să faceți acest exercițiu cel puțin o dată pe zi. Observați dacă există schimbări în energia dvs. în timp ce faceți acest exercițiu: Există o briză răcoroasă sau o ușurință? Dacă aveți chiar și un mic sentiment că ceva se schimbă, trăiți comuniunea de dinainte de abuz până dincolo de abuz.

Vindecarea abuzului conform acestui nou model implică alegerea, deși alegerea de a trece dincolo de abuz prin întoarcerea înainte ca acesta să se producă vă poate părea imposibilă la început. Povestea abuzului a fost acolo de mult timp. Este posibil să nu fi fost niciodată fără ea. Poate fi nevoie de o schimbare radicală de perspectivă pentru a vă gândi măcar să treceți dincolo de ea.

EXERCIȚIU DE JURNAL: A ALEGE ALTFEL

Ați văzut filmul Groundhog Day în care personajul principal trăiește aceeași zi iar și iar? Cum ai trăit tu aceeași zi mereu și mereu?

Ce ți-ar trebui pentru a alege dincolo de asta? Cum ați putea alege diferit?

O parte din trecerea dincolo de cușcă este descoperirea faptului că ești mai mult decât abuzul tău. Există un tu separat de abuz și separat de abuzator. Există un tu dincolo de tot ceea ce ți s-a întâmplat vreodată. Și este o alegere de a merge dincolo de tot ceea ce ați decis din cauza lui. Acest lucru permite abuzului să ocupe un loc secundar, astfel încât să existe spațiu pentru tine să generezi și să îți creezi realitatea.

Următorii șapte pași vă vor sprijini în acest proces de definire a propriei voastre realități ca fiind distinctă și separată. Țineți cont de faptul că fiecare pas se bazează pe celălalt, așa că nu vă așteptați să le bifați ca pe o listă de "lucruri de făcut". Nu acesta este scopul aici. Fiecare pas este un punct de lumină în conștientizarea ta, care îți oferă mai multe opțiuni pe măsură ce avansezi în călătoria ta de a te elibera.

Pasul Unu: Recunoaște-ți cușca și recunoaște faptul că nu funcționează pentru tine.

Pasul Doi: Alegeți să vă priviți cușca în loc să o negați sau să o apărați.

Pasul Trei: Alege să o eliberezi. Decideți că aveți de gând să o schimbați.

Pasul Patru: Obțineți sprijin și împărtășiți-vă povestea. Amintiți-vă, acest lucru este diferit de a împărtăși durerea. În schimb, găsiți pe cineva care vă împuternicește și cu care puteți împărtăși: "Iată ce se întâmplă, cum pot trece peste asta?" Cu sprijin, puteți începe să construiți conștientizarea în interiorul dumneavoastră.

Pasul Cinci: Conectează-te cu capacitatea ta creativă, amintindu-ți sau imaginându-ți cum era înainte de a fi abuzată. A existat - și există - ceva magic la tine care se suprapune cu povestea abuzului.

Pasul Sase: Fiți dispuși să vă dezlănțuiți strălucirea. Riscați să faceți saltul în noi domenii, proiecte și moduri de a fi.

Pasul Sapte: Fii tu însuți - real, crud, netăiat, necenzurat. Aici trăiești dincolo de povestea ta, dincolo de trecutul tău, dincolo de realitatea ta.

EXERCIȚIU DE JURNAL: DE CE SUNT CONȘTIENT?

Explorați următoarele întrebări:

Ce conștiință am deja și pe care nu o recunosc că mi-ar schimba realitatea chiar acum?

De ce sunt conștient înainte de abuz? Cum era să fiu eu?

Ce mi-ar plăcea să creez acum?

Ce pot alege acum care să mă ducă dincolo de vechea poveste a abuzului și să mă inspire către o altă posibilitate?

Pe scurt, am explorat instrumentele schimbării pentru a vă ajuta să vă conștientizați mai bine adevăratul vostru sine, un sine care nu a fost niciodată rănit de lucrurile care vi s-au întâmplat, dar care a fost îngropat sub povestea abuzurilor. Acest sine - tu cel magic - așteaptă doar să fii recunoscut. Acest lucru pune puterea de a alege în momentul prezent și în mâinile tale. Acum alegeți să fiți radical vii.

11

CAPITOLUL UNSPREZECE:
ACTUALIZAREA SISTEMULUI TĂU
DE OPERARE SUBCONȘTIENT

Ați observat vreodată ce se întâmplă atunci când nu vă actualizați sistemul de operare al computerului? Fișierele vechi, învechite și corupte pot împiedica serios performanța computerului dumneavoastră. La fel se întâmplă și cu subconștientul tău.

Există atât de multe sisteme de răspuns condiționate, bazate pe convingeri care sunt depuse și blocate în corpurile noastre atunci când am suferit abuzuri sau traume, astfel încât, dintr-o dată, orice situație poate deveni un declanșator și o reacție, în loc de un răspuns și o alegere. Atunci când vă actualizați programarea subconștientă, vă eliberați de trecut, astfel încât să puteți genera și crea în prezent.

Eliberarea de Minciuni

Trebuie să vă fie foarte clar că psihologia, mentalitatea și sistemele de credințe proprii sunt cele care vă creează cele mai mari minciuni și cele mai mari provocări. Ele stabilesc reguli și comportamente care nu numai că vă deconectează și mai mult de ceea ce sunteți și de viața pe care ați alege-o în mod liber să o trăiți, dar afectează și modul în care realitatea exterioară vi se arată.

Aceasta devine o experiență care se autorealizează și care vă "dovedește" că nu puteți trăi niciodată dincolo de abuz, că nu veți fi niciodată ființa puternică, strălucitoare și fenomenală care sunteți cu adevărat.

Întrebarea este:

- De câte abuzuri mai ai nevoie ca să creezi și să suferi?
- Când va fi suficient?
- Când vei alege să nu mai trăiești prin minciunile pe care ai învățat să le întruchipezi ca fiind realitatea ta?

EXERCIȚIU DE JURNAL: CONȘTIENTIZAREA MINCIUNILOR

Scrie chiar acum 10 lucruri pe care știi că le-ai creat în viața ta și care sunt bazate pe minciuni. Priviți-le din perspectiva corpului vostru, din perspectiva financiară, din perspectiva relațiilor voastre, din perspectiva carierei sau a locului de muncă, din modul în care vă vorbiți, din modul în care interacționați cu voi înșivă și cu ceilalți.

Nu uitați, acesta este un exercițiu de conștientizare, nu de autojudecare.

Dincolo de a vă Judeca pe Voi înșivă Sau pe Alții

Când te judeci pe tine însuți, te închizi și mai mult în greșeala din tine. Dintr-un anumit motiv, există un mare confort în a ști cât de greșit ești, cât de rău ești, cât de oribil ești și așa mai departe. Iar aceasta este adevărata epidemie și un teren propice pentru mai multe abuzuri. De asemenea, te ține într-un tipar, garantându-ți că nu trebuie să fii niciodată mai mult decât ești acum.

EXERCIȚIU DE JURNAL: ANALIZA JUDECĂȚII

Câte judecăți aveți cu privire la caracterul greșit și rău al dumneavoastră?

Câte judecăți aveți despre dvs. ca fiind "marfă deterio-rată" sau ca cineva care este distrus?

Câte dintre aceste judecăți le-ați transformat în poziția voastră de "reculegere", astfel încât să nu treceți nicio-dată dincolo de abuz și să vă întoarceți mereu la confortul și siguranța a ceea ce știți?

Observați unde simțiți aceste întrebări în corpul vostru. Oriunde le simțiți, este locul în care vă menți-neți judecata.

Atunci când judeci pe altcineva, de fapt te aperi, te deconectezi, negi și te disociezi de ceea ce nu ești dispus să vezi în tine. Acest lucru se întâmplă deoarece ceilalți îți reflectă ceea ce tu de fapt judeci în interiorul tău. Acest lucru vă menține blocați într-o viziune limi-tată a ceea ce sunteți cu adevărat. Așadar, ori de câte ori arătați cu degetul despre ceea ce s-a întâmplat noaptea trecută, sau săptămâna trecută, sau luna trecută, sau acum 20 de ani, de fapt negați, disociați, vă deconectați și vă apărați de ceva pentru care nu vreți să fiți responsabili. Acesta este motivul pentru care este atât de dificil să renunți la acel lucru. Acesta este și modul în care rămâneți închiși în cușcă.

Deoarece judecata înseamnă devalorizarea și rene-garea a ceea ce nu ești dispus și capabil să vezi în tine însuți, aplici sau proiectezi judecata asupra altcuiva pentru a elibera presiunea de la tine. Totuși, acesta nu este singurul mod de a elibera această presiune. De exemplu, atunci când lucrez cu un client, îl pun să transmită energetic această presiune, aceste judecăți, pământului. De asemenea, vă puteți elibera treptat de judecăți. Senzația mea este, totuși, că dacă ați fost obișnuiți o viață întreagă să vă judecați, căutați mereu să creați schimbări monumentale în viața voastră, deoarece credeți că ceva trebuie să se schimbe pentru ca voi să fiți bine. Dar succesul poate fi doar un grad de schimbare.

De exemplu, dacă ești căpitan pe o navă și schimbi nautilul doar cu un grad, este o schimbare uriașă în traiectoria navei pe ocean, o mișcare mare. Deși un grad pare mic din punct de vedere intelectual, o schimbare de un grad este o traiectorie uriașă de schimbare, o mișcare uriașă în domeniul de aplicare al creării după abuz.

Care va fi schimbarea ta de un grad astăzi? Folosiți exercițiul energetic de mai jos pentru a face prima dvs. schimbare de un grad dincolo de judecată,

EXERCIȚIU ENERGETIC: ELIBERAREA JUDECĂȚILOR TALE ÎN PĂMÂNT

Judecata te închide și te deconectează de corpul tău, așa că primul pas pentru a trece dincolo de judecată este să te reconectezi. Așezați-vă într-un spațiu liniștit, închideți ochii și respirați adânc de câteva ori. Respirați pe gură, astfel încât să vă conectați mintea și corpul. Extindeți-vă energia adânc în și prin pământ. Prindeți oriunde simțiți o greutate sau o densitate și aruncați-o în pământ cu o respirație puternică. Aceasta este o ofrandă pentru pământ. Pe măsură ce oferiți judecățile voastre pământului, acesta vă eliberează corpul de densitatea și greutatea care împiedică libertatea, spațiul și adevărul să fie realitatea voastră. Pământul este cu adevărat spațiul în care judecata nu locuiește.

Tot ceea ce din corpul nostru oferim și contribuim la pământ este consumat de pământ. Devine ca un combustibil pentru pământ și îl poate regenera. Poate fi luat din corpurile noastre, astfel încât să nu mai trebuiască să îl purtăm, și folosit pentru binele pământului.

Oferiți judecățile voastre pământului ca o contribuție. Acestea includ judecățile voastre cu privire la oricare dintre următoarele:

- Mama, tatăl, sora, fratele, bunicii, mătușile sau unchii voștri
- Corpul tău și orice părți particulare ale corpului, fața ta, spatele tău, orice cicatrici pe care le ai sau dureri și afecțiuni cronice
- agresorii dvs.

Lasă-i pe toți să plece. Oferiți-i pe toți pământului ca un dar și o contribuție. Apoi aduceți-vă energia înapoi în voi, fără judecăți, sus, din pământ. Primiți de la pământ. Extindeți-vă conștiința acum și observați ce simțiți în corpul vostru. Sunteți mai ușori sau mai grei? Aveți mai mult spațiu sau mai puțin spațiu?

Puteți să vă eliberați judecățile către pământ din nou și din nou până când simțiți un sentiment de pace și posibilitate.

Generarea Din Trecut

Atunci când încă te agăți de toxicitatea trecutului, practic îți trăiești viața ca un copil sau o versiune mai tânără a ta care a fost abuzată. Atunci când ați fost abuzat, unele dintre reacțiile și interacțiunile umane pozitive tipice pot părea îndepărtate, ca și cum nu v-ar aparține sau nu ați putea ajunge la ele. Bunătatea poate părea străină. Recunoștința și generozitatea sunt stânjenitoare și împovărătoare. Dragostea poate părea periculoasă.

Este posibil ca toată distracția și jovialitatea să se fi scurs din tine odată cu șocul și trauma celor întâmplate și să fi fost înlocuite cu hipervigilență, control, rigiditate și dominare. Totul devine o obligație și, odată cu asta, vă limitați capacitatea de a progresa în viață.

- Cum treceți peste abuzul suferit?
- Cum vă actualizați subconștientul și înlocuiți vechile convingeri bazate pe abuz cu convingeri noi care vă reconectează la stări emoționale mai pozitive?
- Cum redescoperi recunoștința față de tine, bunătatea față de tine și iubirea față de tine, încă o dată?

Atunci când încercați să îmbrățișați aspecte pozitive ale dvs. precum dragostea sau joaca, generozitatea spiritului sau recunoștința, pot exista anumite situații în care vă gândiți: "Pur și simplu nu știu cum să fac asta". Este la fel ca atunci când computerul dvs. vă arată mesajul "fișier neconstituit". La urma urmei, dacă ați trăit în ultimele două decenii sau mai mult dintr-un loc de hipervigilență, control și rigiditate, cum știți care este pasul următor?

Actualizarea Convingerilor Tale

Dacă computerul dvs. ar fi plin de praf, probabil că ați lua un recipient cu aer și spray pentru a-l curăța. Dar când vine vorba de lumea noastră interioară, cei mai mulți dintre noi ținem acele bulgări de praf exact acolo unde sunt. Îi spunem familiaritate sau zonă de confort. Doar că, de cele mai multe ori, zona noastră de confort este destul de inconfortabilă. Între timp, te trezești blocând și neinvitând tot ce este bun în viața ta. Ai putea spune că ești fericit, dar este un sentiment fals de fericire - ea există la suprafață și nu în adâncul tău. Simultan, te trezești luând pastile pentru depresie sau făcând alte lucruri care te fac să te deconectezi sau să eviți ceea ce simți cu adevărat.

Pentru a trăi viața aleasă în mod conștient, programările vechi înrădăcinate în abuzuri trebuie curățate, dezordonate și înlocuite, altfel doar continui să mergi înainte și înapoi, lovindu-te de același capac sau plafon de sticlă, în timp ce te lupți și lupți împotriva lui. Dar nu treci peste abuzuri printr-o luptă.

Treci dincolo de abuz învățând să alegi diferit - de la a-ți trăi viața în afara armoniei și a unității cu tine însuți, la una de o integritate impecabilă.

Primul Pas: Deveniți conștienți

Ca și în cazul unui număr de concepte pe care vi le-am prezentat în această carte, primul pas este conștientizarea. Când îi întreb pe oameni dacă știu cum să redescopere recunoștința, bunătatea și iubirea de sine, unii îmi răspund că nu le-au avut niciodată. Totuși, chiar dacă abuzul tău a început la două zile după ce te-ai născut, ai avut cel puțin o zi în care nu ai fost abuzat. Prin urmare, a existat un moment în care ați avut o experiență de recunoștință, bunătate și iubire. S-ar putea să fi avut mai multe experiențe de hipervigilență, dominare și abuz, dar a existat totuși un moment, undeva, în care ați existat dincolo de abuz.

Pasul Doi: Recunoașteți Neîncrederea

Al doilea pas este să recunoști cât de mult ai neîncredere în ceilalți. Scepticismul și judecata mențin cușca în loc. Este ca o altă versiune a cuștii abuzului. Neîncrederea, scepticismul, judecata, hipervigilența, dominanța, controlul, rigiditatea, toate formează alți pereți ai cuștii tale, menținându-te închis și limitat.

Pasul Trei: Renunțați La Bariere

Pentru a înlocui programarea subconștientă care menține cușca în loc, va trebui să renunțați la bariere. Este nevoie de o hotărâre profundă, la care mă refer uneori ca la o "tenacitate a conștiinței", pentru a spune "nu" modului în care abuzul tău este păstrat în mintea ta și stocat în corpul tău. Trebuie să începeți să renunțați la acele decizii, judecăți și concluzii pe care le-ați făcut la vârsta de o zi, sau de trei ani, sau de opt ani, sau indiferent de vârsta pe care o aveați când a început abuzul. Nu uitați, ele au fost create pentru a vă ajuta atunci, dar fac parte dintr-o programare învechită. Ele nu vă mai ajută; de fapt, vă fac rău.

EXERCIȚIU DE JURNAL: DEVENIND CONȘTIENT

Notează situațiile, experiențele, momentele, locurile, oamenii și dinamicile din viața ta în care îți dorești să îmbrățișezi bunătatea, iubirea și joaca, dar cu cât îți dorești mai mult, cu atât te zbați mai mult și apeși mai tare pe gratiile cuștii.

CE VĂ PLACE LA CUȘCĂ?

O parte din trecerea dincolo de cușcă este să recunoști că există o parte din tine care "iubește" familiaritatea și confortul acesteia. Spun asta, desigur, fără să judec. Ca ființe umane, continuăm să facem ceea ce ne place. Tu ce iubești la luptă?

- Te simți mai în siguranță?
- Ți se pare înfricoșător să fii vulnerabil?
- Sunteți îngrijorați de faptul că a face schimbări i-ar răni pe alții?
- Sunteți capabil să tolerați incertitudinea atunci când vă gândiți la viitor?

Acestea sunt tipurile de idei sau convingeri care stau în calea mersului înainte, a asumării de riscuri și a realizării unor lucruri diferite. Problema este că aceeași dinamică repetată te conduce la judecarea ta. Acest lucru, la rândul său, vă conduce la separarea de ceilalți, ceea ce, la rândul său, creează deconectarea de ceilalți.

Atâta timp cât există un beneficiu în a păstra acele dosare vechi și a nu-ți goli coșul de gunoi, îți garantezi că vei fi mereu o victimă a trecutului tău și închis în cușcă. Vei continua comportamentele care te-au adus unde ești astăzi. Nu vă veți permite niciodată să depășiți o stare limitată a realității. Acest lucru te ține literalmente căsătorit cu realitatea ta abuzivă.

Deci, dacă nu vă actualizați sistemul de operare subconștient, sunteți ca o inimă frântă care așteaptă să se întâmple. Vă creați o viață dezastruoasă, sau vă dezinvitați banii, sau puneți capăt unei alte relații.

SISTEMELE TALE DE CONVINGERI

Sistemele tale de convingeri cu privire la modul în care trebuie să reacționezi la lume se bazează pe ceea ce ai învățat. Ele sunt formate din interiorul perspectivei traumei.

- Dacă primesc atenție, voi fi abuzat.
- Dacă sunt văzut, voi fi abuzat.
- Dacă mă uit la cineva, voi fi abuzat.
- Dacă văd pe cineva, voi fi abuzat.
- Dacă ies afară, voi fi abuzat.
- Dacă fac ceva de valoare, voi fi abuzat.
- Dacă vorbesc tare, voi fi abuzat. Dacă spun ceva, voi fi abuzat.
- Dacă fac ceva care este diferit, voi fi abuzat.

Atunci când astfel de convingeri învechite încă îți conduc viața, încă te comporți ca și cum ceea ce ai decis atunci când ai fost abuzat ar fi adevărat. Încă funcționați prin filtrele eului vostru mai tânăr și răspundeți din programarea mentală creată cu mult timp în urmă.

FRECVENȚELE TALE VIBRAȚIONALE

În esență, convingerile tale inconștiente actuale atrag mai multe abuzuri din cauza frecvenței de rezonanță a abuzurilor - vibrația ta generală - și ajungi să rezonezi cu alții în aceeași frecvență. Asta nu înseamnă că este ceva în neregulă cu tine sau că ești defect, pentru că se tot întâmplă. Acesta este momentul în care oamenii aud despre Legea Atracției și se confundă crezând că ei creează abuzul. De fapt, nu l-am "creat", ci am fost prinsă în frecvența lui. Pereții cuștii pe care o păstram ca realitate a mea - și informațiile stocate în sistemul meu subconștient de operare - însemnau că alți oameni cu o frecvență similară mă puteau egala.

Așadar, dacă vreunul dintre lucrurile pe care le-am spus rezonează cu tine, credințele tale sunt cele care te țin în conflict cu trăirea radicală a vieții sau chiar cu prezența în acest moment. Atât timp cât operați din trecut și din convingerile formate din acesta, veți fi întotdeauna în frecvența de rezonanță a abuzului.

UMPLE-ȚI MINTEA CU CEEA CE ÎȚI DOREȘTI

Schimbarea convingerilor înseamnă "afară cu vechiul, înăuntru cu noul". Va fi nevoie de ceva explorare și muncă pentru a ști de fapt ce calitate a vieții v-ați dori să aveți. Modul de a face acest lucru este să găsiți spațiul sau locul din viața voastră în care sunteți cel mai fericit.

- Unde vă simțiți cel mai bine în corpul dumneavoastră?
- Unde v-ați simțit în siguranță și protejați și, în același timp, vii?

Aflați care sunt acele situații și începeți să le ancorați în corpul vostru ca experiențe noi. Acest lucru vă va permite să începeți să construiți din interior o nouă fundație pentru viața voastră, pornind de la un nou set de alegeri care vă stau la dispoziție. De asemenea, puteți începe să decideți în mod activ calitățile pe care le apreciați, cum ar fi bunătatea, generozitatea, recunoștința și iubirea. Trebuie să alegeți în mod activ experiențe mai pline de bucurie, care să vă aducă lejeritate și expansiune în corp, chiar dacă la început se simt străine.

Pentru a vă schimba sistemele de convingeri, mai întâi trebuie să vă alegeți pe voi. Trebuie să alegeți ceea ce este dincolo de ceea ce v-a fost impus. Trebuie să alegeți cu o tenacitate a conștiinței, o vivacitate radicală și o prezență agresivă. Trebuie să faceți alegerea de a spune "nu" la ceea ce nu doriți și "da" la ceea ce doriți.

Acesta este punctul pe care majoritatea oamenilor îl ratează. Ei "probează" noile calități ale bucuriei și expansiunii și nu simt că se potrivesc pentru că nu sunt obișnuiți să rezoneze la aceste frecvențe. Așa că spun: "Asta pur și simplu nu este pentru mine" și apoi se întorc la vechile obiceiuri familiare. Dacă faceți asta, vă predați abuzului. Dacă faceți asta, spuneți că nu sunteți buni, sau generoși, sau recunoscători. Dacă faceți asta, spuneți că nu sunteți iubire. Iar asta este o minciună absolută.

Sunteți deja buni, generoși, recunoscători și iubitori.

Majoritatea dintre noi, cei care am fost abuzați, suntem cele mai bune, blânde, vulnerabile, înțelepte, inteligente și frumoase ființe pe care le-am întâlnit vreodată pe această planetă. Puteți alege să atingeți acest spațiu adevărat al vostru în locul realității care v-a fost impusă. Chiar dacă la început pare doar degetul tău mic, găsește undeva în corpul tău care știe că este reflectarea bunătății, generozității, recunoștinței și iubirii - undeva în corpul tău care știe că atunci când ești în natură, pe pământ, în aer, cu universul, acolo nu locuiește decât bunătate, generozitate, pace și calm. Dacă puteți face asta, veți începe să vă schimbați viața.

Poate părea ridicol că pentru unii oameni este vorba doar de un deget mic, dar chiar și asta poate fi o schimbare uriașă. Uneori, acel deget mic este singurul loc în care un medic sau o asistentă a atins pe cineva atunci când s-a născut și este singura atingere plină de iubire pe care a avut-o vreodată. Știu că folosesc un exemplu extrem aici, dar lucrez adesea cu oameni care spun că nu au simțit niciodată o atingere afectuoasă în viața lor. Și, deși acest lucru poate fi predominant adevărat, vrem, de asemenea, să fim capabili să ne inspirăm din cele mai mici cantități de iubire, bucurie și recunoștință pe care le-am cunoscut și să începem să le extindem astfel încât să devină realitatea noastră, în loc să fie excepția, așa cum au fost anterior. Trebuie să găsiți locul în care aceste calități există ca spațiu de autenticitate în corpul vostru și să valorificați acest lucru.

EXERCIȚIU ENERGETIC: EXTINDEREA ENERGIEI ȘI A CONȘTIINȚEI ÎN CORPUL TĂU

Odată ce ați descoperit spațiul din corpul vostru care știe cine sunteți cu adevărat, ceea ce faceți este să lăsați acea parte să zâmbească. Chiar dacă a fost doar o secundă de atingere afectuoasă când erați bebeluși, lăsați-o să se extindă până la degetul următor și să se extindă la degetul următor, și la degetul următor, și la degetul mare, și apoi la mână, și apoi permiteți-i să urce pe braț.

Chiar dacă nu vă amintiți să fi cunoscut o atingere iubitoare din partea altcuiva, apelați la propriile resurse. Începeți să vă gândiți la toate momentele din viață în care v-ați simțit bucuroși și liberi și acordați-vă bunătatea înnăscută, generozitatea spiritului, recunoștința și iubirea pe care le aveți cu adevărat dincolo de ceea ce ați trăit. Extindeți-o, până când devine din ce în ce mai mare. Astfel încât să nu mai fie doar degetul mic din corpul vostru, ci acum trei sferturi din corpul vostru. Și apoi, în cele din urmă, va deveni întregul vostru corp.

Cu practică, multă practică, veți descoperi că aveți un nou sistem de operare bazat pe virtuțile a ceea ce sunteți cu adevărat molecular.

Pe scurt, am explorat modul în care sistemele voastre de convingeri au dirijat spectacolul. Pentru a schimba ceea ce se află în sistemul vostru de operare subconștient, trebuie să faceți un efort conștient pentru a deveni conștienți de vechile programe care vă conduc și să eliminați credințele învechite care nu vă mai servesc sau nu vă mai servesc viața pe care o doriți. Apoi, aveți de ales să decideți în mod activ ce credințe ați prefera să vă sprijine în a fi tot ceea ce sunteți și alegeți să exprimați și să începeți să insuflați aceste noi calități și experiențe, indiferent cât de nefamiliare par la început.

Din acest moment, sunteți pregătiți să îmbrățișați trăirea radicală.

12

CAPITOLUL DOISPREZECE: TRĂIND RADICAL ÎN VIAȚĂ

Eu nu sunt o victimă, nici un supraviețuitor și, cu adevărat, nici măcar un învingător. Aleg să trăiesc radical și orgasmic, cu o prezență agresivă cunoscută în mine și din mine. Eu sunt catalizatorul care îmi generează și îmi creează realitatea pornind de la ceea ce este hrănitor și distractiv pentru mine. Nu voi mai permite niciodată nimănui să aleagă pentru mine și aceasta este o alegere în sine, de a nu mă alătura etichetei acestei realități de victimă, supraviețuitor sau luptător.

Într-un sens foarte real, până acum, ați trăit într-o stare de moarte ca urmare a abuzului. Acum, însă, este timpul să treceți la ceva cu totul diferit - să trăiți radical în viață - iar cu ideile prezentate aici, aceasta este o posibilitate reală.

A trăi o viață radical vie nu înseamnă că nu veți avea furie, tristețe sau oricare dintre celelalte sentimente pe care le trăim în urma abuzurilor. Înseamnă că vă veți simți confortabil în exprimarea emoțiilor pe care le aveți. Veți avea acces la o mai bună exprimare a tuturor părților din voi.

Imaginează-ți că ai toată vitalitatea care este blocată în furie și tristețe neexprimate, toată magia care este închisă de rușine, toată înțelepciunea corpului tău care este ucisă de frică - imaginează-ți că toate acestea îți sunt disponibile. Trăind radical în viață, nu mai trebuie să încerci să-ți controlezi lumea pentru a te simți în siguranță sau doar să treci prin mofturi în relația ta cu tine însuți, cu corpul tău, cu partenerul tău, cu munca ta și cu contul tău bancar.

Așadar, prima întrebare este: ești dispus să fii tu?

Ești Dispus să fii Tu?

Cunoaște-te pe tine însuți.

— AFORISM GRECESC ANTIC ÎNSCRIS
ÎN TEMPLUL DIN DELPHI

A fi tu însuți înseamnă a cunoaște adevărul despre tine dincolo de rolurile, obligațiile, sexul, educația, licențele sau certificările tale, locul de muncă sau cine ești în relațiile tale. Înseamnă să alegi să fii, să faci, să ai, să generezi și să creezi totul în afara a ceea ce oricine altcineva te-a învățat sau a definit pentru tine. Această cunoaștere profundă a ta - adevăratul tău sine - te va elibera de moartea abuzului, te va trezi la senzațiile plăcute ale trăirii în corpul tău și te va ajuta să comunici cu corpul tău pentru a-i accesa înțelepciunea inerentă.

Ești pregătit să primești darurile pe care universul le are
pentru tine și să alegi plăcerea
și posibilitățile vieții tale din nou?

Ce Refuz să Fiu?

Una dintre modalitățile pe care le-am folosit pentru a mă trezi din ceața condiționării este să mă întreb:

- Ce refuz să fiu?
- Ce refuz să fiu și dacă aș fi, mi-ar fi mai ușor să
  fiu eu imediat?

Nu știu exact cum s-a întâmplat pentru mine, dar îmi amintesc că m-am trezit cu constatarea că alegeam să trăiesc realitatea altcuiva. Am înțeles că aceasta se baza pe toate punctele de referință pe care le creasem în această viață, ceea ce îmi dădea un fals sentiment de siguranță. Realitatea mea se baza pe toate punctele de referință ale familiei mele, ale educației mele, de unde veneam, care au fost experiențele mele și așa mai departe. Și mi-am dat seama că acest lucru mă făcea nefericită. În mod inconștient, încercam să mă distrug și mai mult. Întrebarea: "Cine refuz să fiu acum?" vă poate ajuta cu adevărat să ieșiți din acest ciclu.

Chiar și în viața mea de acum, când observ că nu mă simt la fel de viu ca înainte, mă întreb: "Bine, cine sau ce refuz să fiu acum?" Aș putea să mă gândesc la cât de rău sunt, ceea ce am fost programați să facem, dar realitatea este că dacă vă puneți o astfel de întrebare, puteți ieși din judecată și puteți alege.

EXERCIȚIU DE JURNAL: CE REFUZI SĂ FII?

Punându-vă o întrebare vă va împiedica să vă întoarceți la vechile condiționări care creează mai multă anxietate, somn agitat, distanță și separare. O întrebare vă va ajuta să creați mai multă conexiune și comuniune.

Refuzi să fii frumusețea din tine?

Refuzați să fiți vorbitorul care ați putea fi?

Refuzi să fii scriitorul care ești cu adevărat?

Refuzați să fiți alergătorul de maraton care știți că sunteți?

Refuzi să fii profesorul care ești chemat să fii?

Refuzi să fii ceea ce crezi că este adevărat pentru tine și ceea ce ești aici să fii?

Cum Pot Alege Asta?

Odată ce v-ați întrebat ce refuzați să fiți, următorul pas este să vă întrebați:

- Cum îl pot alege?
- Ce pot face pentru a alege să fiu asta chiar acum?

Dar merge chiar mai departe de atât. Ce-ar fi dacă nu mi-aș mai permite să îmi ascund propria putere?

Ce-ar fi dacă nu ți-ai mai permite niciodată să îți ascunzi propria putere?

Să știi că puterea ta nu va fi găsită în afara ta, ci mai degrabă în interiorul tău. În fiecare moment, fiecare dintre noi poate alege să se ridice și să facă ceea ce este necesar. Alegem ceea ce știm că este cel mai bine în fiecare moment și chiar dacă nu știm sau credem că nu știm, alegem oricum pe baza a ceea ce extinde posibilitatea. Atunci când vă oferiți libertatea de a alege în fiecare moment, treceți de la moarte la viață radicală.

TRĂIND DINCOLO DE POVESTE

Ceea ce am observat despre propria mea călătorie este că sunt atât de departe de povestea mea acum încât nu o mai filtrez prin percepția judecății. Există o fericire și o libertate care vin odată cu trecerea dincolo de judecată. Judecata a fost întotdeauna acolo. A fost întotdeauna cu mine. Eram atât de obișnuit cu ea încât o purtam fără să-mi dau seama.

A trăi dincolo de judecată aduce un sentiment profund de a fi în regulă cu ceea ce ești. Pe măsură ce facem această muncă, un sentiment mai profund de înțelegere cu privire la experiența ta de abuz va veni la tine.

Este un sentiment că: "Nu m-a prins. Nu mi-a putut lua
sufletul. Nu m-a putut avea în întregime.
Sunt în continuare cine sunt și cine am fost, doar că sunt
mai bun."

Da, abuzul a avut loc. S-ar putea să fi inclus mâinile altcuiva pe tine. Dar, oricum, nu ai fost niciodată tu cu adevărat. Erau ei care îți impuneau realitatea lor. Cine spune că, doar pentru că s-a întâmplat o traumă, trebuie să devii ceva diferit de ceea ce ai fost? Așa că, mai degrabă decât să vă dați puterea unui eveniment sau unui abuzator - ceva care nu a avut niciodată de-a face cu voi în primul rând - de ce să nu vă întoarceți la ceea ce sunteți și la ceea ce ați fost întotdeauna și să dați frâu liber acestei puteri?

Doar pentru că realitatea numește asta traumă, abuz sau PTSD (tulburare de stres posttraumatic) și există anumite lucruri pe care ar trebui să le experimentezi din cauza asta, nu înseamnă că trebuie să o faci. Ați putea alege să ascultați diferit, să percepeți, să știți, să fiți și să primiți ceva diferit aici. Aceasta se află în centrul trăirii radicale.

Iertarea

În vechea paradigmă a vindecării abuzurilor, învățăm că trebuie să iertăm pentru a ne vindeca. Cu toate acestea, iertarea nu este pentru nimeni altcineva în afară de tine. A ierta, în sensul său cel mai elementar, înseamnă a renunța. Este un mod de a spune: "Sunt liber, și tu ești liber, de asemenea".

Iertarea este pentru tine dacă alegi să mergi mai departe.

O parte a călătoriei mele a constat în a le mulțumi tuturor agresorilor mei, bărbați și femei deopotrivă, pentru că mi-au arătat atât de clar contribuția fenomenală pe care o pot avea la această planetă și diferența pe care o pot face. Există în mine o bunătate, o inteligență, o grijă și o sensibilitate care sunt în fiecare dintre noi. Dacă nu aș fi fost dispusă să trec prin ceea ce am trecut, să aleg acest lucru, poate că nu aș fi avut cuvintele și experiența necesare pentru a-mi prezenta emisiunea radio, această carte sau pentru a facilita munca a mii de oameni. Astăzi consider viața mea o posibilitate de creștere posttraumatică.

Nu spun că avem nevoie de lecții precum abuzul. Spun că putem alege ceva diferit, care este plăcere, posibilitate, generare, creație, a face o diferență, a răspândi conștiința, împuternicire, strălucire și a ajunge cu adevărat în interiorul propriei noastre cuști pentru a străluci o lumină care spune: "Gata cu minciunile. Gata cu abuzurile!" Și îi putem ajuta pe alții să facă la fel.

Le spun adesea clienților: "Niciodată nu este prea târziu să vă schimbați copilăria și niciodată nu este prea târziu să vă schimbați. Și nu știi niciodată ce se poate întâmpla cu acele persoane din viața ta care te-au abuzat". În cazul meu personal, am avut o schimbare profundă cu mama mea. Amândouă am crescut și ne-am schimbat, ceea ce ne-a permis să dezvoltăm o relație minunată, plină de iubire. Acesta este un dar pe care nu mi l-aș fi putut imagina niciodată. Acum, la 50 de ani, am experiența a ceea ce înseamnă să ai o mamă și ce este iubirea necondiționată. Este cu adevărat ceea ce mi-am dorit întotdeauna de la ea și acum este așa. Trecutul s-a întors în cerc și este rezolvat. Tot ce contează este că îmi iubesc mama și mama mă iubește pe mine. Eu sunt liberă. Și ea la fel.

Este greu să scrii o carte ca aceasta. Adevărul nu este întotdeauna frumos. Dar noi ne vindecăm, creștem și ne schimbăm pe măsură ce facem această muncă și adesea și cei care ne-au abuzat se vindecă. Aceasta este grația de a trăi radical și orgasmic. Sunteți pregătiți pentru asta? Sunteți pregătiți pentru mai multă vitalitate?

Univers, arată-ne miracolele și lasă-ne pe toți să fim eliberați!
Și așa este!

EXERCIȚIU ENERGETIC: EXTINDEREA ÎN VIAȚĂ RADICALĂ

Închideți ochii și puneți-vă mâinile pe timus și pe osul pubian. Respirați pe gură de 3 ori și spuneți: "HI BODY! HI BODY! HI BODY! HI ME! HI ME! HI ME! HI PĂMÂNT! HI PĂMÂNT! HI PĂMÂNT!" Extindeți-vă energia pentru a atinge cele patru colțuri ale camerei în care vă aflați și respirați. Expirați cât de mult puteți în sus, în jos, în dreapta, în stânga, în față și în spate. Inspirați prin fața voastră, inspirați din spatele vostru, inspirați din dreapta voastră și inspirați din stânga voastră. Respirați din picioare în sus și în jos până la cap. Repetați toate "saluturile" de mai sus. Afirmați cu voce tare: "M-AM SCHIMBAT ȘI ȘTIU C-AU SCHIMBAT, ȘI ȘTIU C-AU SCHIMBAT PENTRU CĂ _______________ (completați spațiul gol)". Spuneți acest lucru de 3 ori. Deschideți ochii.

Observați cum vă simțiți sau orice schimbare în energia dumneavoastră.

Eliberarea Abuzurilor Lumii Din Corpul Tău

Aceia dintre noi care au suferit abuzuri sunt adesea sensibili la experiența de abuz a întregii lumi, deoarece știm cum se simte, miroase și are gust. Se poate simți ca și cum corpurile noastre sunt programate hipervigilent în acest sens. Este ca o antenă care simte mirosul, gustul și știe unde este abuzul. Chiar dacă nu suntem conștienți de el din punct de vedere cognitiv, conștient sau vizual, memoria noastră celulară este.

Întrebați-vă

Greutatea pe care am experimentat-o în jurul perceperii abuzului altora îmi aparține? Și îmi este de folos să continui să mă conectez la ea și să o experimentez prin intermediul simțurilor mele?

Acum aveți de ales. Aveți de ales să ascultați șoaptele tuturor vocilor, ale tuturor abuzurilor din eternitate, care ne cheamă pe toți înainte. Mai important, poate, aveți alegerea de a auzi aceste șoapte și de a spune: "Gata. Este timpul să trec peste modul în care am permis abuzului să îmi conducă viața". Gata cu abuzurile începe cu tine și cu alegerea ta, chiar aici, chiar acum.

Deci, mă întreb... ce vei alege?

Eu zic:

1 2 3 4 ROAR

Gata cu abuzurile!

DR. LISA COONEY, PHD, LMFT

Dr. Lisa Cooney, PhD, LMFT, este un pionier în transformarea personală și vindecarea traumei. Ea excelează în terapia sufletească, coaching de viață și transformare spirituală. În calitate de creatoare a metodei revoluționare Live Your ROAR®, ea a transformat viețile a mii de oameni, ajutându-i să depășească traumele copilăriei și să îmbrățișeze o „Realitate Orgasmică Radicală" (ROAR®). Filosofia dr. Lisa se bazează pe „Înțeleg!... Indiferent de ce!" și principiile de autodeterminare, angajamentul față de creștere, colaborarea cu universul și crearea unei vieți de vis.